ちくま新書

子どもが伸びる　ほめる子育て

――データと実例が教えるツボ

1041

太田　肇
Ohta Hajime

子どもが伸びる　ほめる子育て

——データと実例が教えるツボ

【目次】

イラストレーション＝峰村友美

まえがき

†実践するのは意外と難しい

家庭でも学校でも、「ほめて育てる」「ほめてやる気を引き出す」教育が大はやりだ。書店にはほめ方、叱り方を説いた本があふれている。そのおかげで、たいていの人が子どもをほめたらよいらしいと思うようになった。

しかし、いざ実践するとなると難しい。わが子の顔を見るたび、「なに！　この成績は」「いつまでダラダラしているんだ」と小言を言ったり、怒鳴ったりしていた親が、急に「よくがんばっているね」とか「お前、スゴいな」などとは口に出せない。

たとえ親の面子《メンツ》をかなぐり捨て、勇気を振り絞ってほめたとしても、こちらの魂《こん》胆《たん》を見透かされて無視されるか、引かれるのが落ちだろう。

もっとも、なかには素直な子もいる。ほめられたことに気をよくし、張りきって勉強するようになる。褒美《ほうび》に小遣いやケーキでも与えてやれば、いっそうがんばる。その姿を見た親は、ほめたかいがあったと一安心する。

ところが、効果はすぐに色あせてくる。がんばって勉強しているはずの子ども部屋をそっと覗くと、ゲームをしたりマンガを読んだりしている。親の気配を感じるとあわてて机の引き出しに隠し、勉強しているふりをする。**親にほめられるためにがんばっているのだから、親が見ていないとサボるのは当然である。**それでは意味がない。肝心なのは自らの意思で努力し、伸び続けることだからである。

しかし、考えようによれば自分でサボることのできる子はまだましだ。それさえできない子が増えている。ほめられ、期待をかけられると、それを過剰に受け止め、プレッシャーでつぶれてしまう子が想像以上に多いのだ。その後遺症は長引き、なかには大きくなっても、わざと反抗してほめられないようにすることでプレッシャーに対処し続ける者もいる。

このように、「ほめて育てろ」「ほめてやる気を出せ」といっても、そう簡単ではないのである。

今までほめずに叱ってばかりだった子育てを「ほめモード」に切り替えようとすれば、それなりの工夫がいる。ただ、工夫といっても小手先の技法ではなく、「ほめる」「認める」という行為の原点に返らなければならない。そして、ほめられるためにがんばるのではなく自ら伸び続ける子に育てようと思えば、子ども自身が心のなかにエンジンをつくるのをサポートしてやらなければならない。

それには、子どもを取り巻く環境を変え、あるポイントを突いてやることが必要だ。それさえできれば、たった一言で別人のようにやる気を出して成績が急上昇し、伸び続けることだってある（本文で紹介する学生の回顧談やエピソードを読んでほしい）。

†正しくほめれば、自ら伸びる力が確実につく

どのようなほめ方、認め方がよいかは、ほめられ、認められる側に焦点を当てて明らかにする必要がある。私はこれまで長年にわたって個人に焦点を当てながら、承認、すなわちほめたり認めたりすることの意義や効果を研究してきた。企業や病院では「ほめて伸ばす」研究プロジェクトを実施し、正しくほめたり認めたりすればモチベーションや成績がアップすることを実証した。

承認は大人に限らず、子どもにも効果があるはずである。いや、成長途上の子どものほうがいっそう効果は大きいはずだ。そう考えた私は、教育現場で、また子育て中の人々が集まる場で話を聴き、観察を行ってきた。成功事例があれば直接足を運んで

成功の秘訣を学んできた。そして二年前からは幼稚園や学校で、園児や生徒を対象に「ほめて伸ばす」研究プロジェクトを行い、その効果を確かめた。プロジェクトにかかわった親や教師からは、肌で感じた効果や体験談も聞き取った。

さらに、私が勤務する同志社大学の学生約六〇〇名に、幼いころから高校時代までをふり返らせ「やる気が出た」「伸びるきっかけになった」親や教師の言葉を、そのときの状況とともに記述してもらったり、聞かせてもらったりした。

これらの研究をとおして明らかになったのは、**大人も子どもも本質は同じであり、理にかなった方法でほめ、認めれば自ら伸びる力が確実につく**ということである。

本書は第1章でまず、私が幼稚園や学校で行った実証的な研究結果のほか、各地の教育現場で実践されている取り組みなどから、ほめることにはどんな効果があるかを紹介する。ただし研究書ではないので、効果をわかりやすく説明することに重点を置き、研究内容などの説明は最小限にとどめる。

次に、第2章では子どもを伸ばすほめ方とはどのようなほめ方なのかを説明する。

続く第3章では、その応用編として、どんな場合にどのようなほめ方をすればよいかを具体的に説明する。

そして第4章では視野を広げて、そもそも望ましい子どもへの接し方、親子関係とは何かを考えてみることにしたい。

本書は主たる読者層として、子どもへの接し方に悩む親や、学校・幼稚園の教師、スポーツの指導者などを想定している。ただ相手が人間である以上、子どもも大人も本質的な違いはない。したがって会社や地域などでふだん大人を相手にする人にも、本書のなかからヒントを得てもらえるよう期待している。

第1章

子どもをほめたら、こんな効果が

1　「ほめる」だけで、これだけ変わった!

†幼稚園や学校でわかったこと

わが子はいつもダラダラとテレビを見ているか、スマホをいじっている。教室で生徒にいくら話しかけても反応がない。なんとかしてやる気を引き出したい。そう願っている親や教師はとても多い。

そうした親や教師が飛びつくのが、「ほめる」ことである。子育ての講演会や教育の研修会では「ほめる」ことの大切さが説かれ、書店に行けばほめ方、叱り方のハウツーものが書棚の一角を占めている。

しかし、意外なことにほめることの効果を裏付ける確かなデータや研究結果はきわめて乏しい。たいていが自分の限られた経験か、伝え聞いたエピソードをもとに、

「ほめればよい」と信じているに過ぎない。実際、**ほめ方によってはまったく効果のない場合や、ときには逆効果になる場合もある。**にもかかわらず、とにかくほめたらよいというのは無責任ではないか。

そう考えていた私は、上手にほめたらどんな効果が表れるのかを探るための研究を行うことにした。なお、「上手に」というのは、後に述べるようなツボを押えたほめ方を意味する。

まず取りかかったのが、幼稚園や学校での園児、生徒を対象にした研究プロジェクトである。二〇一二年に私は、大阪府内の私立S幼稚園、兵庫県内の公立Y中学校、同じく兵庫県内の公立H高等学校の協力を得て、生徒をほめて伸ばす研究プロジェクトを実施した。

幼稚園では、園児を意識的にほめる複数のクラスと、それまでどおりに接する複数のクラスに分け、意識的にほめるクラスでは園児をほめるのに加え、家庭でも保護者から機会あるごとにわが子をほめてもらうよう依頼した。このような取り組みをはじめてから約一カ月たったときに、園児の態度や行動にどのような差が出ているかを調

べた。

中学校や高等学校は科目ごとに教師が違うため、クラス分けができない。そこで、できるだけ具体的な事実や客観的な情報に基づいて生徒をほめてもらうよう、原則としてすべての教師に依頼した。ほめるようにしてから一定期間がたった後で、実際にほめられた生徒とほめられなかった生徒では、意識や態度、行動にどのような差が出るかを調べた。

要するに、ほめる効果を「ビフォア・アフター」で比較したわけである。なお、研究プロジェクトの概要については、巻末に掲載した「ほめる効果の研究プロジェクトについて」を参照していただきたい。

ちなみに私は、二〇〇八年から企業の社員や病院の看護師などを対象に同様の研究を重ねており、これまでの研究によってほめることには自己効力感、内発的モチベーション、挑戦意欲、組織への貢献意欲・一体感などを高める効果のあることが明らかになっている（拙著『承認とモチベーション』などを参照）。

今回、幼稚園児や学校の生徒を対象にした研究プロジェクトでは、**親や教師が子どもを上手にほめると、子どもの意識や態度、行動にさまざまな効果が出る**ことがわかった。

では、まず実際にどんな効果が表れたかを見ていくことにしよう。

✝笑顔が増え、楽しそうになった

図表1をごらんいただきたい。

これは幼稚園児について、「笑顔が増えた」という尺度で、意識的にほめたクラス（実験群）とそれまでどおりのクラス（統制群）を比較したものである。注目してほしいのは数値の増減ではなく、両者の開きである。

ほめる取り組みをする直前の第一回調査では、両方のクラスの間で平均値がほぼ同じだったのが、ほめる取り組みを続けて約一カ月たった第二回調査では、平均値が大きく開いている。そして、そこには統計的に有意な（意味のある）効果が表れている。

つまり、教師や親が幼稚園や家庭で子どもをほめることによって、子どもに笑顔が増えたわけである。

また図表2は、「楽しそう」という尺度で比較したものだが、有意ではないものの数値の開きからは、ある程度の効果がうかがえる。

「笑顔が増えた」とか「楽しそうになった」というのは、取るに足らないことのように思えるかもしれない。しかし、子どもにとって幼稚園での生活は集団生活の第一歩であり、そこで楽しく過ごせるのにはとても意味がある。しかも何事につけ楽しくやれることは、やる気の原点でもある。

ところで、この調査では保護者に対して、子どもがやる気を出したり、うれしがったりしたことがあれば、それはどんなときだったかを記述してもらった。すると、そ

図表1　「笑顔が増えた」（幼稚園児）

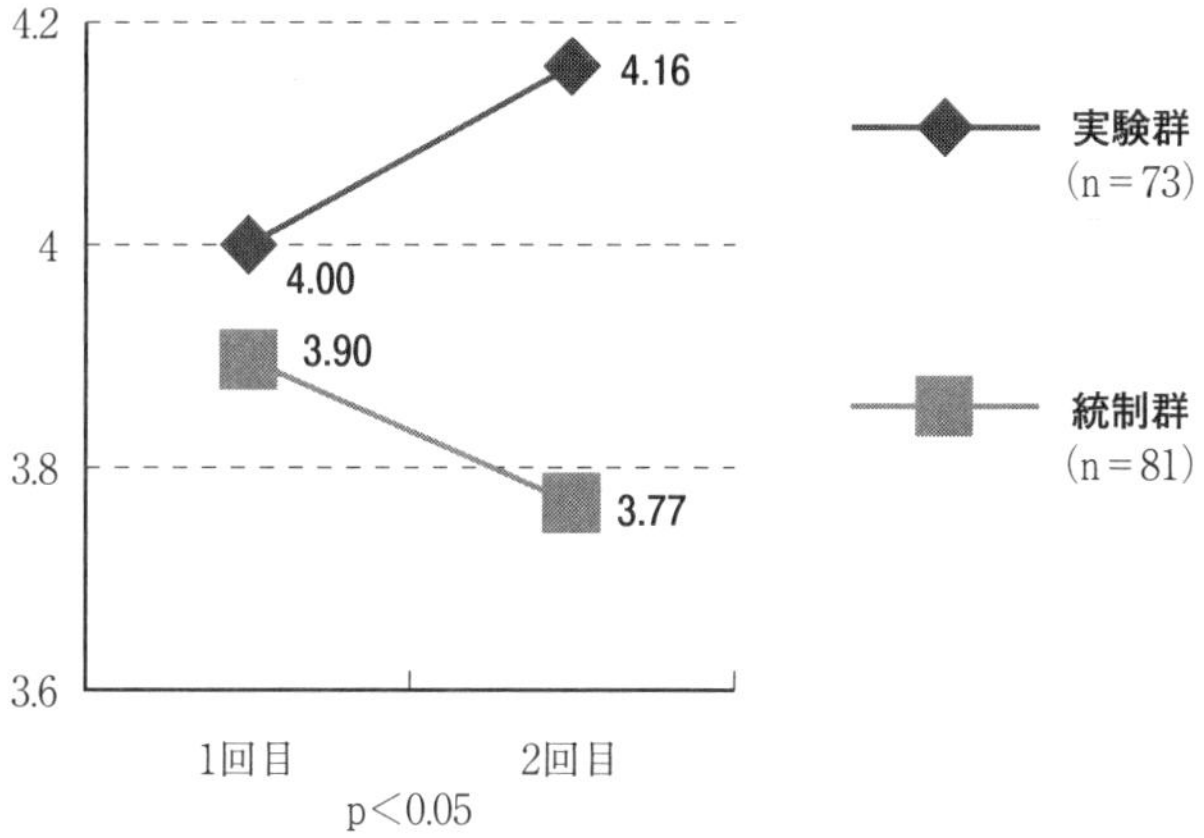

図表2　「楽しそう」（幼稚園児）

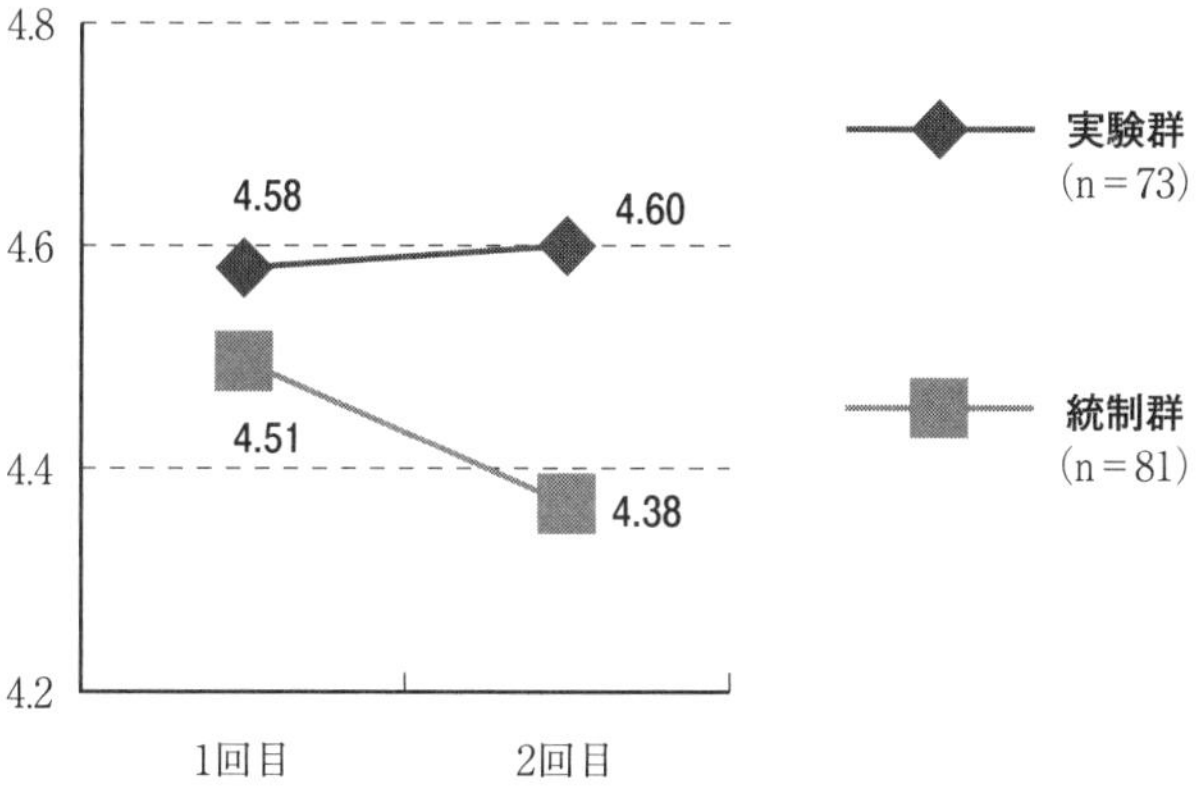

＊　グラフの数値は各合成尺度の平均値で、直線は第1回調査と第2回調査の変化を表す。pは有意確率を表す。以下同じ。

の欄には幼稚園で教師にほめられたことをあげる記述がとても多かった。
代表的なものを紹介しよう。

・生活発表会の練習で先生にほめられた。
・劇や歌をほめられた。
・自分の作品を先生にほめてもらった。
・先生に「声が大きい」とほめられた。
・給食を完食してほめられた。
・先生にお手伝いをお願いされ、ほめてもらった。

このように、子どもがうれしがったりやる気を出したりした理由として、教師からほめられたことをあげる親がとても多い。そのほか少数ではあるが友達からほめられたことをあげる親もあり、両方を合わせるとほめられたエピソードは二六件に達する。

これは回答者のほぼ一割を占める。比較的少ないと思われるかもしれないが、子どもにとって幼稚園での生活は生活全体の一部であるにもかかわらず、それがうれしさややる気につながっているわけである。しかも、それを子どもがはっきりと親に伝えているのだから、軽視できない数字である。

さらに、ほめる取り組みをはじめる直前の第一回調査に比べ、ほめる取り組みをはじめて一カ月以上たった第二回調査で、ほめられたエピソードをあげる件数が顕著に増えている。同様の現象は後に紹介する中学校と高等学校の調査結果にも表れており、「やる気が出た」エピソードとして教師からほめられたことをあげる生徒が、ともにほぼ倍増している。このことだけでも、年齢を問わずほめることには効果があると言えそうである。

また、ここが大事な点だが、記述された内容を読むと何かができるようになったときにほめられたというエピソードがとくに多い。後述するように、そこにほめる効果の本質、ほめ方のポイントが隠されている。

†幼稚園児が、自分で演技を工夫しはじめた

次に、園児の行動に表れた変化を見てみよう。

意識的にほめたクラスでは園児の親にインタビューすると、「縄跳びで駆け足跳びができたのでほめたら、寒いなか一人で二重跳びに挑戦している」「塗り絵がカラフルにできたのでほめたら、次の日も自分からやってみようとした」「クラスであったことを自分から話すようになった」といった声が聞かれた。

また、同じく意識的にほめたクラスの教師からは、驚くような変化が報告された。二歳児のクラスでも、ほめられた子は「○○ちゃんも（教材を受け取るときに自分から）手を出してすごいね」とか、「○○ちゃんもがんばっているね」とほかの子をほめたり、認めたりするようになったというのである。

他人をほめたり、認めたりすることは人間関係を築き、また他人のために役立とうとする行為である。心理学では、他人の行動を見てそれに近づくために模倣することをモデリングというが、二歳の子にもそのような効果が表れたわけである。

三歳児のクラスでは、給食の時間に「〇〇ちゃん、こぼしていないよ」などと、ほかの子の良いところを教師にたびたび教えてくれるようになったという。教師が園児の良いところを見つけてほめるのを目にしているうち、自分もそれに協力するようになったのである。

四歳児のクラスでは、園児たちがほめられる喜びを知り、ほめられるようにがんばってみようという姿勢がクラス全体に広がったといわれる。

そして五歳児のクラス担任からは、次のような話が聞かれた。ほめたり認めたりしてやると、園児は能動的になり、認めてもらおうと自分で工夫するようになるというのだ。たとえば劇の練習をするとき、以前は教えられたとおりに演技するだけだったが、意識的にほめるようにしてからは、教えなくても自ら身ぶり、手ぶり、そして動作に抑揚をつけて演技するようになってきたそうだ。

もちろん良いことばかりではなく、ほめられる回数が増えてから園児が調子に乗りすぎてしまったとか、親や教師に甘えるようになったというような一種の弊害も報告されている。しかし、それらのマイナス面はプラス面に比べるとごくわずかであり、しかも後に述べるようにほめ方を工夫すれば防ぐことができる。

†得意なものができ、自信がもてるようになった

行動レベルの変化から、さらに進んで自信にまでつながれば、効果はいっそう長期的で確たるものになる。

図表3は幼稚園について「得意なものがある」という尺度で見たものである。ここでも実験群、すなわち意識的にほめたクラスでは効果が表れている。

一方、図表4はH高等学校のデータを分析したものである。前述したように高校生の場合は一定の期間にほめられたことがあるか否かで比較したが、幼稚園児の場合と同様、ほめられた生徒は「得意なものがある」という値が伸びていることがわかる（ただし件数が少ないため統計的な有意水準には達していない）。

勉強に限らず、**得意なものが一つでもあれば調子が出ないときや逆境に立ったときにもへこたれない**し、「一点突破、全面展開」で他の分野、ほかのことでも上達するケースが多い。また、自分の強みを活かして集団や社会の役に立ったり、周りに教え

図表3　「得意なものがある」(幼稚園児)

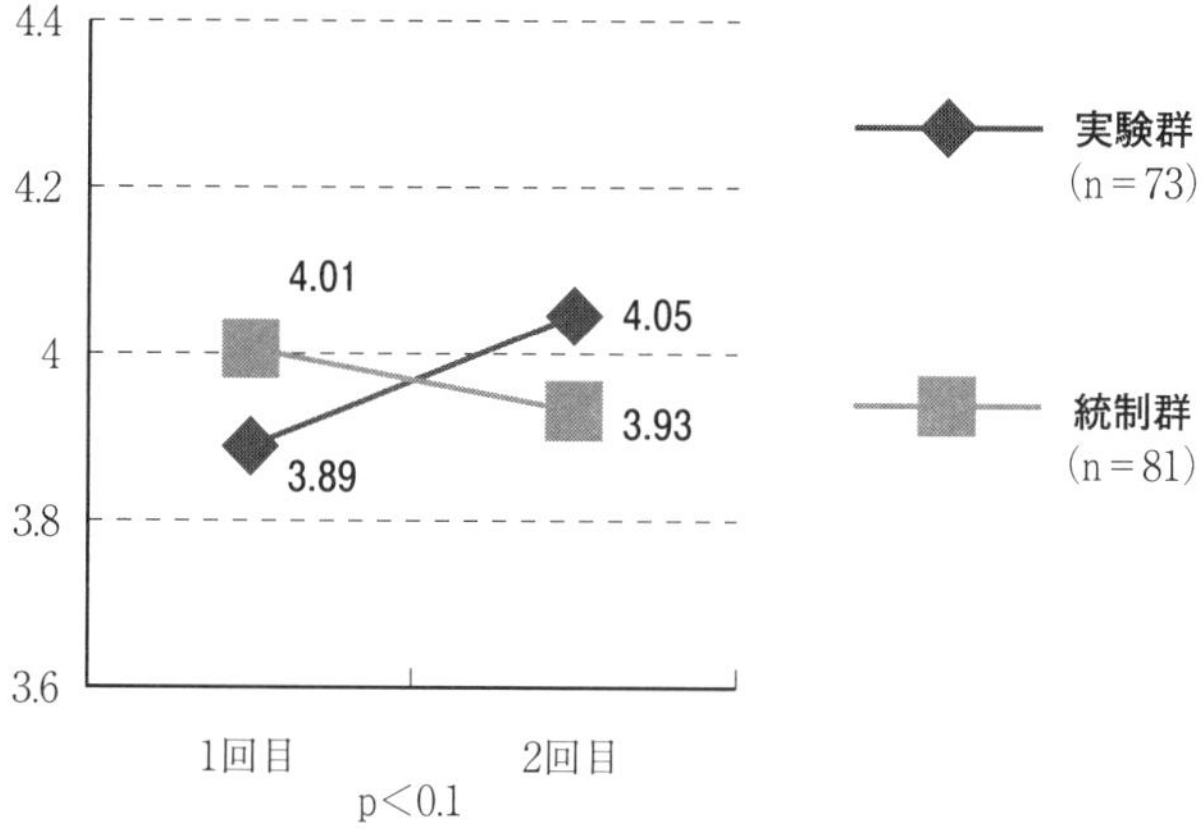

図表4　「得意なものがある」(高校生)

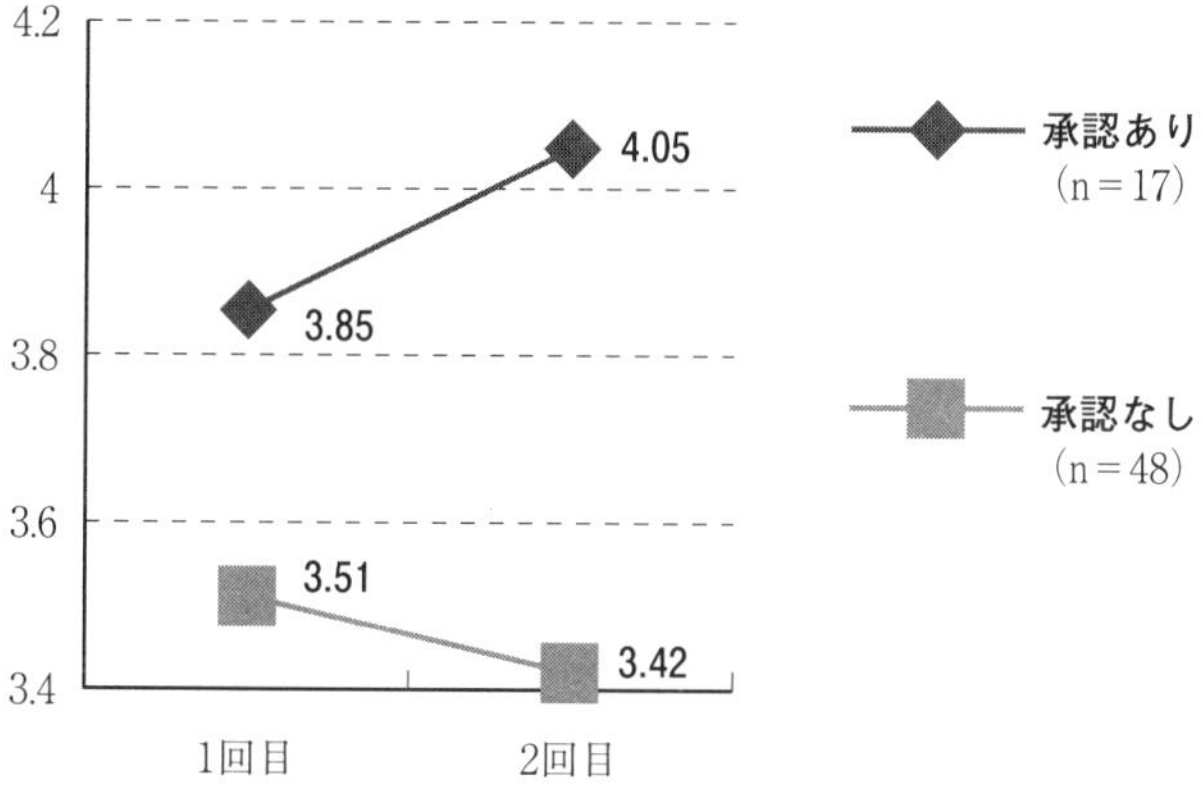

たりできるので自ずと存在感、満足感も得られる。

次に、Y中学校の分析結果を見てみよう。図表5は中学二年生のデータを「自己効力感」という尺度で比較したものである。なお、この尺度は、「がんばって勉強したらよいことがあると思う」「勉強したら、自分の力はもっと伸びると思う」「勉強で問題が解けてうれしかったことがある」の三項目からなる。ほめられた生徒はもともとの値が高いうえに、若干ではあるが差が開いている。値が高いと上がりにくい（「天井効果」という）ので、実際はもっと効果が大きい可能性がある。

さらにY中学校の生徒を男女別に分析してみると、女子のデータでは「勉強の充実」という尺度で統計的に有意な効果が表れた（図表6）。この尺度は、「勉強の内容がよく理解できる」「勉強が好きだ」「勉強はしっかりできていると思う」「上の学年に上がっても勉強には自信がある」という質問項目からなる尺度であり、ほめられたことによって勉強の充実度が上がったことを示している。

このように、ほめられた生徒は勉強において自分の可能性を信じるようになり、実際に勉強が充実していると感じているわけである。ふだんの勉強で教師から的確にほ

図表５　「自己効力感」（中学生）

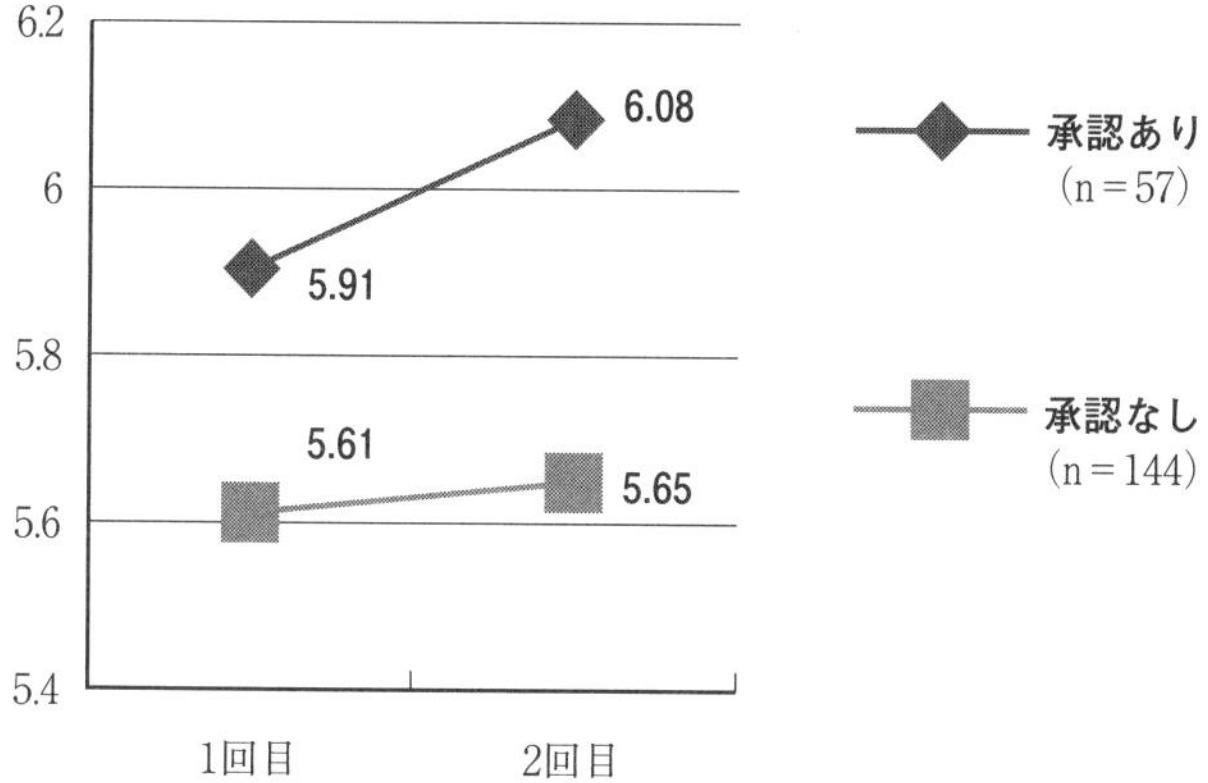

図表６　「勉強の充実」（中学生女子）

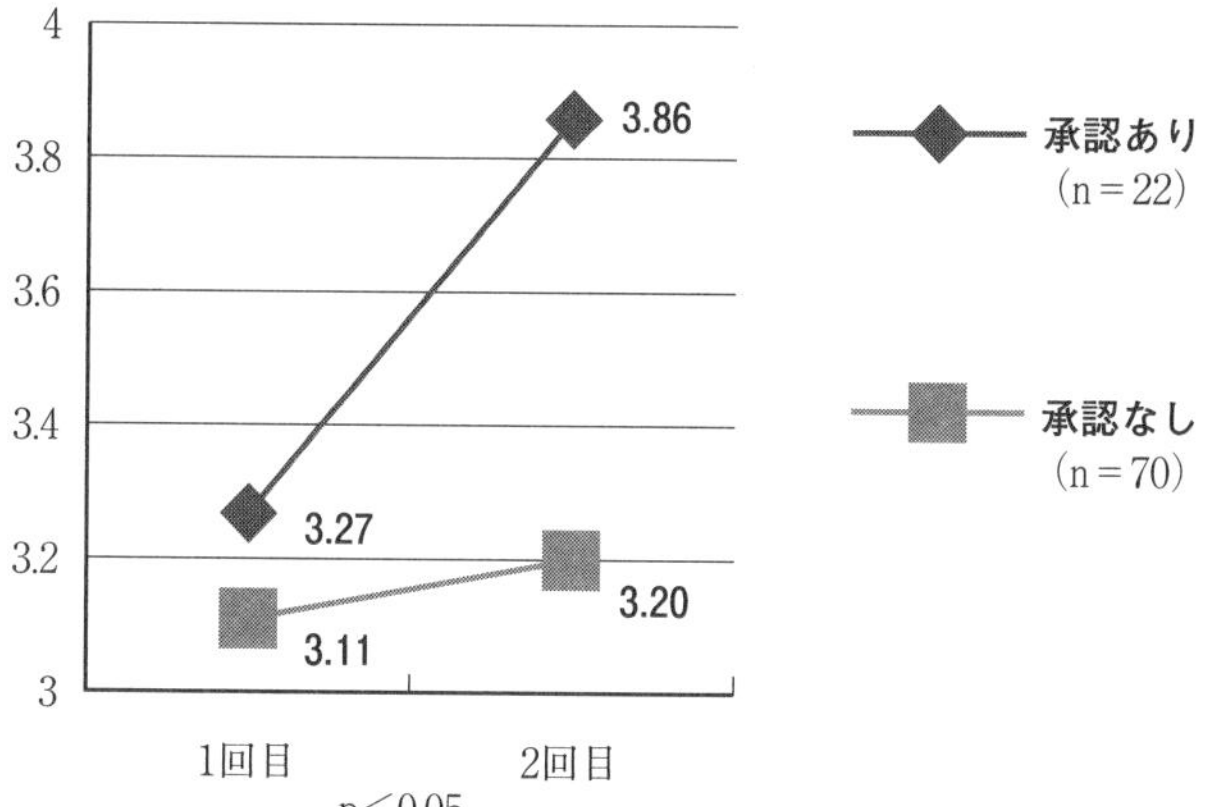

$p < 0.05$

められ、それが自信や充実感につながっていることをうかがわせる。

次章で説明するように、**子どもが伸びるかどうかは自分の能力に対する自信にかかっている**といっても過言ではない。したがって幼稚園児から高校生まで、ほめることによってその自信がついたという事実はとても重要な意味をもつ。

†「ほめ言葉のシャワー」で子どもが変わった！

熊本市立池上小学校は一年生から六年生までの各クラスで、児童が相互にほめ合う「ほめ言葉のシャワー」という取り組みを行っている。

一年生のあるクラスを覗くと、日直の子が一人で教室の前に立っている。するとクラスの全員が一人ずつその子に対して、「◯◯さんは△△ですね。□□がとてもよいです」というようにほめ言葉を投げかける。

そのあと、今度はほめられた日直の子が一人ひとりの机の前に行き、「ありがとうございます。◯◯さんも□□なところがよいです」とか、「ありがとうございます。◯◯さんはこの前△△してくれましたね。とてもうれしかったです」というように事

植物には水を
子どもには ほめ言葉シャワーを
えらい
さすが
天才だ
がんばってるね

実と感想からなる、お返しの言葉を述べる。いずれも通り一遍の感謝やほめ言葉ではなく、個別的、具体的だ。

一年生といえば、ふつうはまだ自分のことに精一杯で、とても他人のことに関心をもつ余裕はないはずだ。その一年生が、ここではクラス全員、一人ひとりの良いところや良い行いを見つけ、それを言葉にしてほめる。その姿には感動させられた。もちろん上級生になるとほめる内容は高度になり、ほめ方もいっそう上達する。

また、子どもたちが「ほめ上手」になるだけでなく、「ほめられ上手」になっているのにも感心した。**一般に日本人はほめるのが下手なだけでなく、ほめられるのも下手だといわれる。**ほめるのとほめられるのとは一体であり、いくら上手にほめても、ほめられるのが下手だと関係は成り立たない。大人だって、せっかくほめても真顔で「とんでもない」と否定されたり、戸惑ったような態度をとられたりしたら、もう二度とほめようとは思わなくなるものだ。

その点、この小学校では「お返しの言葉」を述べさせることによって、児童たちは言葉のキャッチボールがうまくできるようになっているのだ。

この学校では、「ほめ言葉のシャワー」を取り入れてから、児童の間には次のような変化が表れてきたという。

第一に、日常生活のなかでほめ言葉が即座に言えるようになった。

第二に、相手をよく見るようになり、また自分の考えをもつようになった。

第三に、児童が自己肯定感をもてるようになった。

第四に、児童の表情が明るくなった。

第五に、不登校がなくなった。

第六に、児童たちに落ち着きが出て、成績も上がった。

また高学年特有の群れる集団が少なくなったとか、すすんで挨拶する子が増えたとも言われている。

このように、効果は多方面に表れている。実際、私が訪ねたときには昼休み中の児童たちが出会ったら自ら挨拶するし、低学年の子どもたちが鉄製の重い校門を一生懸命、力を合わせて開けてくれた。後に述べるように、自然にほめる・ほめられる習慣をつけることで、個人だけでなく人間関係や場全体の空気が変わっていく。そこにも注目したい。

2 「ほめたら伸びる」はほんとうか？

†非行・不登校が激減

ほめることには効果があるといっても、それが一時的なものにとどまるならあまり意味はない。**大事なのは、その効果が将来にわたって持続することである。**

そこで、まず関西地方の都市部にあるZ中学校で行われた取り組みについて紹介しよう（以下の内容は、中心になってプロジェクトを遂行した教師への聞き取りによる）。

「荒れる中学」が問題になって久しいが、Z中学校も例外ではなかった。イジメや校内暴力が後を絶たず、不登校者の割合も全国平均をはるかに上回る状態だった。このような状況のなかで学校側が注目したのは、生徒の自尊感情と自己有用感（役に立っているという感覚）の低さである。日本の子どもの自尊感情や自己肯定感が低いことは知られているが、この学校でも調査をすると「私は自分が好き」「私には良いところがある」「クラスの人の役に立つことができる」という項目の値がとても低かった。

Ｚ中学校では地域社会と連携しながら、子どもをほめる取り組みを行った。ただ、単にほめるだけではない。人の役に立つ行動をとらせ、社会性を発達させるとともに自己有用感を高めようとしたのである。とくに焦点を当てたのが最上級生の三年生であり、上級生が下級生をサポートし、それを担任教師や他の教師、下級生の保護者、地域の人たちが四方八方からほめるという枠組みをつくった。

そのなかで上級生たちにはまず、下級生の役に立つためにどうすればよいか、時間をかけて考え、計画を立てさせる。「させる」といっても、あくまでも生徒自身が考え、計画するのである。そして生徒は自分たちが立てた計画を実践する。その過程で教師は指導するのではなく、支援し、認めるのが主な役割になる。生徒が成し遂げたことに対しては周囲の協力を得ながら、ありとあらゆる手段を使い十分にほめてやるのである。

なお、ここで教師が果たしている、支援し、認めるという役割は、一種のサポーターである。このサポーターという役割は、後に述べるようにこれからの子育てにおける一つのキーワードになる。

Z中学校では、最初は単独で取り組みを行ってきたものの、中学校だけだと限界があり小学校にも協力を得ることが必要だとわかった。そこで、小学校もこの活動に巻き込み、小・中学校の九年間にわたって子どもたちを育てる取り組みをはじめた。すると、さまざまなところにはっきりとその効果が表れてきた。たとえば、調査結果を見ると自分に「良いところがある」「役に立つことができる」という回答の数値が上がった。そして小学校の卒業時には、それまで五%程度あった不登校児がほぼ〇%になり、中学校ではイジメも激減した。それにともなって学力のほうも上昇していったそうである。

Z中学校の事例は、国立教育政策研究所のホームページで紹介されたり、NHKのニュース番組でも報じられたりするなど全国から注目を集めている。

また、この取り組みは地域も巻き込んだ実践の成功例として意味があるばかりでなく、そこには効果的なほめ方のポイントが隠されている。それについては次章で詳しく述べることにしよう。

†成績がアップ

ところで、多くの親にとっては正直なところ、子どもの成績こそが目の前の大きな関心事ではなかろうか。とりわけ受験を控えている親はわが子の成績に一喜一憂し、どうすれば子どもの成績が上がるか、日夜頭を悩ませているに違いない。実際、成績が上がれば将来の進路や進学先の決定にも良い影響を与えるわけであり、その意味では「伸びる子育て」とも無関係ではない。

Z中学の取り組みは、生徒の学力向上の面でも大きな成果をあげている。そして、ほめると成績が上がることは、大人を対象にした研究によっても裏付けられている。某大手保険会社のS社で私が最近行った研究の結果を紹介しよう。

この研究プロジェクトでは、ほめ方のプロによる研修を受けた管理職が部下を意識的にほめた職場の従業員（実験群）と、それ以外の職場の従業員（統制群）との間に、一定期間で営業成績（契約件数）に差が出るかどうかを調べた（巻末の「ほめる効果の研究プロジェクトについて」を参照）。六六六人のデータを比較した結果、ほめられた社員は、ほめられなかった社員に比べ営業成績が顕著にアップしていた（図表7）。なお、この研究ではほめることがモチベーション（やる気）の向上につながることも明らかになっている。

上手にほめるとやる気が出るだけでなく、成績のアップにもつながることが裏付けられたわけである。

ほめられたら成績が上がる理由は二つ考えられる。一つは、ほめられたためにモチベーションが上がり、がんばって仕事をするようになったため、結果として成績も上がったということ。そしてもう一つは、仕事のやり方が良かったときにほめられ、それが強化されたので合理的なやり方が身についた可能性である。

いずれにしても、ここで実証された成績アップの効果は、大人だけでなく子どもにも当てはまるはずだ。つまり、ほめられた子はモチベーションが上がるし、勉強の正しいやり方もわかるようになるので、成績も上がるわけである。

図表7　保険会社Ｓ社の営業成績

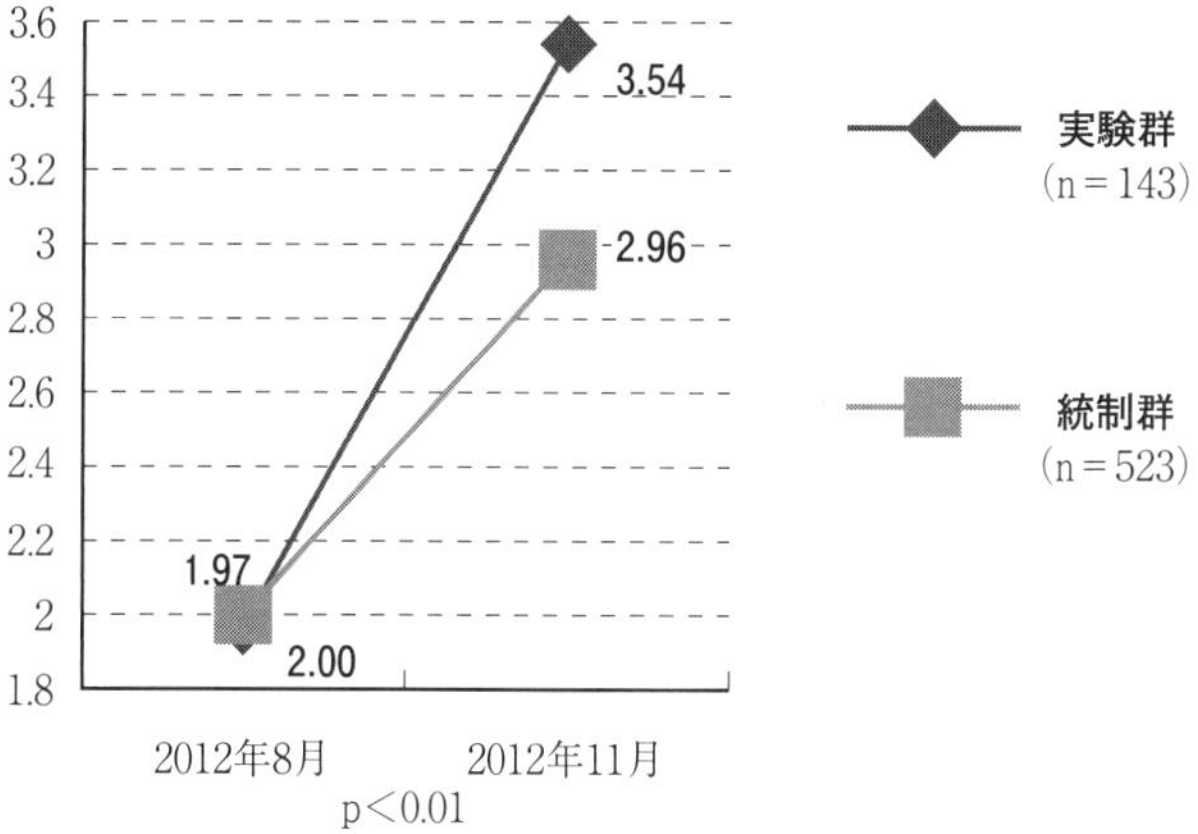

注：数値は一人あたりの月間平均契約件数。
資料：太田肇の分析による。

†コツコツと努力し続けるようになった

子どもが伸びるかどうかは、潜在能力や資質のほか、着実に努力し続けるかどうかにかかっている。

Ｙ中学校（女子）のデータからは、ほめることによって「着実な努力」をするようになる傾向がうかがえる（図表8）。

この尺度は次の八つの質問項目からなる。「時間を忘れて勉強に集中していることがある」「できれば家の手伝いをしたい」「長期的な目標や計画を立てて努力している」「遊ぶのをがまんしても勉強をしたい」「予習や復習を十分に行っている」「勉強は計画どおりできているると思う」「勉強に取りかかるのが待ち遠しいことがある」「勉強はしっかりできていると思う」。

これらの項目を見ると、ほめることが一般に親や教師が理想として描くような態度を身につけさせているといえよう。**努力する姿勢がほめられ、あるいは努力した結果、進歩したり成績が上がったりしたことをほめられ、それによってコツコツと努力する行動が強化されたためだろう。**

ただ高校生になると、ほめることが勉強への関心を強める反面、それが不安やいらだちを引き起こす場合もあるようだ。図表9はH高等学校のデータを分析したものである。この尺度には、「時間を忘れて勉強に集中していることがある」「勉強したら自分の力はもっと伸びると思う」「勉強で問題が解けてうれしかったことがある」という質問項目のほか、「進学や就職の受験が不安だ」「勉強や生活でイライラすることがある」という項目も含まれている。ほめることの副作用として、注意しなければならない点である。

図表8　「着実な努力」(中学生女子)

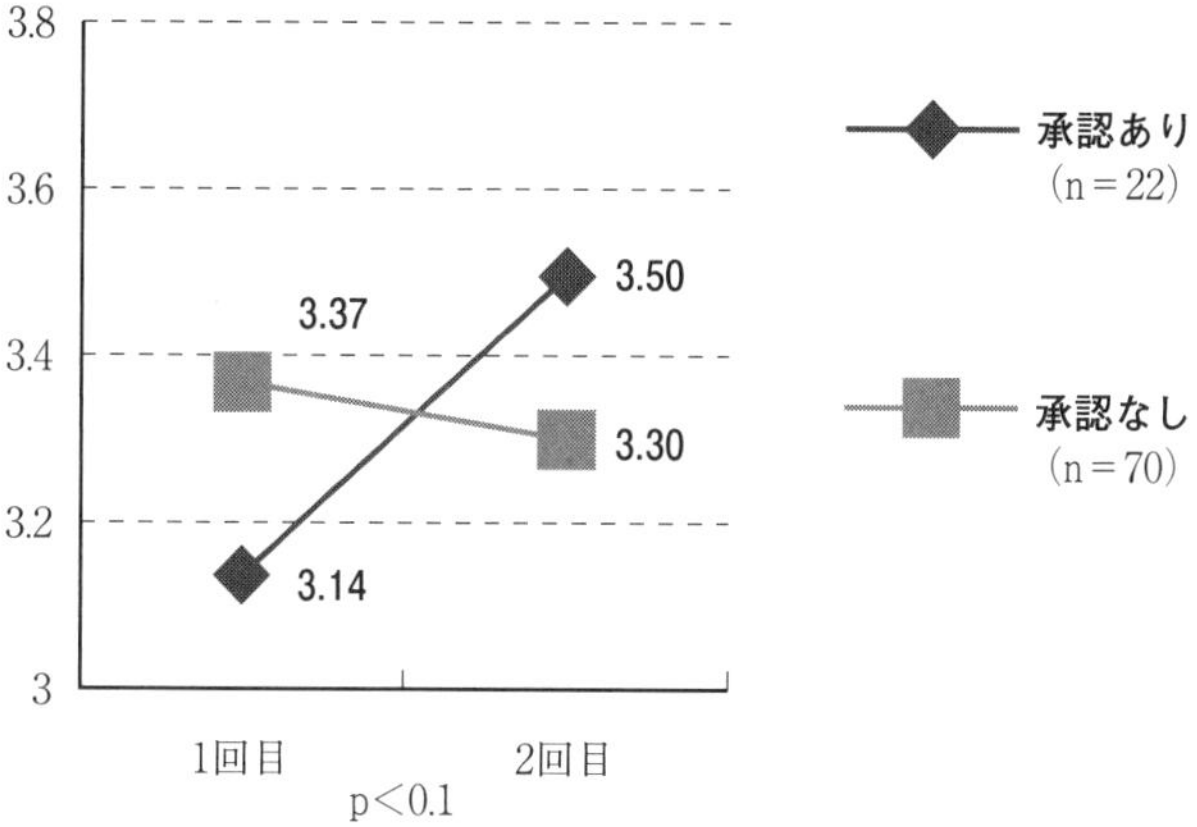

なお、ほめられるプレッシャーとそれへの対処法については、第3章で述べることにする。

†伸びるきっかけになった一言

次に、どのような状況で、どんな言葉がやる気を引き出したり、伸びるきっかけになったりしたかを具体的に見ていこう。

ここで参照するのは、大学生のアンケート結果である。私が教える大学の一、二年生、計約六〇〇人に幼時から高校生時代までを振り返り、親や教師からの言葉でやる気が出た、伸びるきっかけになった経験があれば、それを具体的に記述してもらった。

その際、言葉だけでなく、そのときの接し方やシチュエーションについても併せて書いてもらうように求めた。

単純な方法だが、何年も記憶に留まっていて、しかも本人がそれによって「やる気が出た」「伸びるきっかけになった」と答えているわけだから、因果関係を裏付けるには、ある意味ではいちばん確かな方法である。

学生たちが述べているエピソードはいうまでもなく多様だが、よく読むとその大半は少数のタイプに分類できることがわかる。タイプごとに、いくつかのエピソードを紹介しよう。なお内容は、最低限の「てにをは」と個人が特定される恐れのある記述を修正した以外、基本的に本人の記述をそのまま載せている。

［努力賞賛型］

子どもの努力や姿勢をたたえる言葉であり、ほめ方としては最もオーソドックスなタイプである。

図表9　「勉強への関心と不安」（高校生）

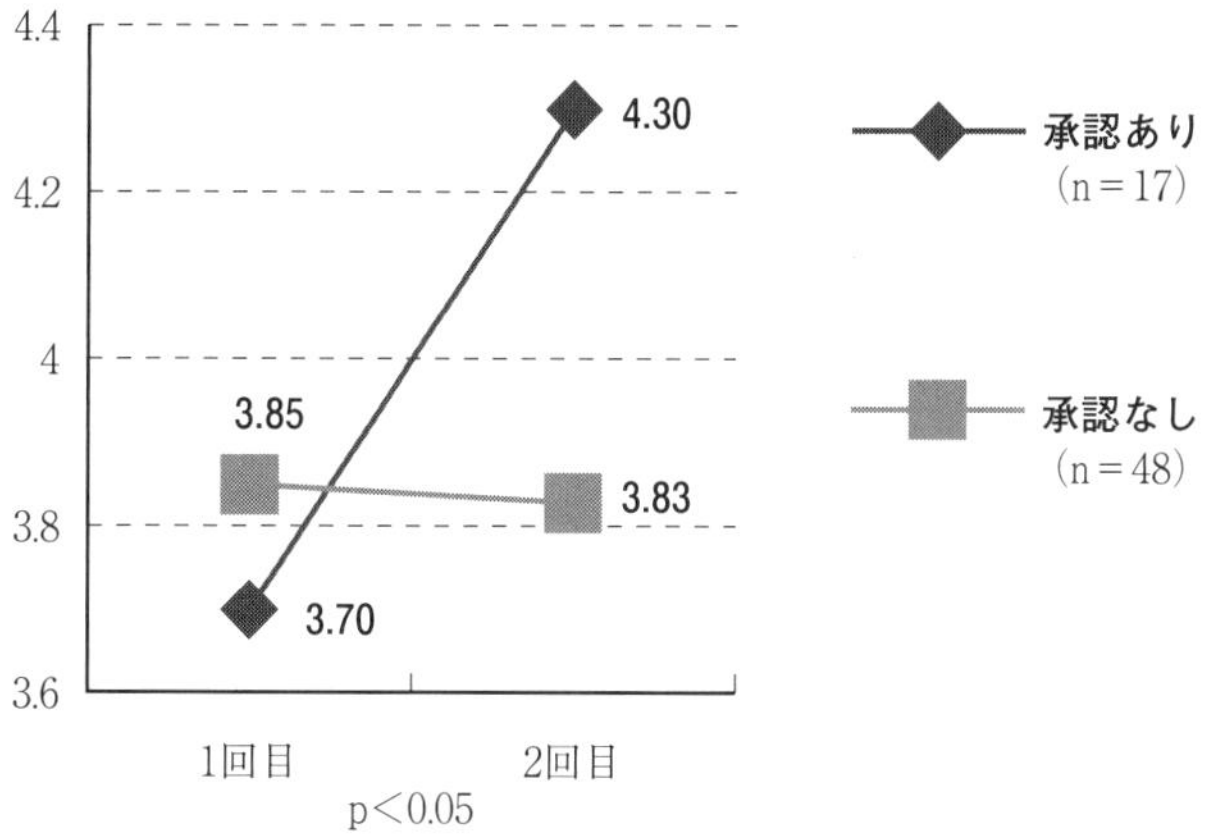

やる気が出た言葉

・母親に「何も言わないのにちゃんと勉強して良い成績をとって偉いね」と言われた（女子）。

・親に「あなたが努力しているのは知っている。その努力は無駄にならないよ」と言われた（女子）。

・中二のとき部活でペア競技からあぶれてしまい、自分だけ一人、隅のほうで練習していた。あるとき先生がフラッとやってきて、「一人で毎日毎日偉いな。ほんとうにストイックだな」と声をかけてくれた。私は、見てくれていたんだとすごくうれしく、テンションが上がった。そして朝練を続けることができた（女子）。

伸びるきっかけになった言葉

・大学受験の時期に先生から、「勉強したからといって努力が報われるとは限らない。しかし、その努力は絶対に人生の糧になる」と言われ、それをきっかけにやれるだけやってみようという気になった（男子）。

・幼いころから習っていた習字を高三になっていよいよやめると母に言ったとき、「よくここまで続けてくれました。お母さんの期待以上です」と言われ、急にやめるのが寂しくなった。そして高三のギリギリまで続け、最後に作品展で上位の賞をいただくことができた（女子）。

［気づかせ型］

やればできることを教えたり、自分の個性に気づかせたりする言葉。ポジティブなフィードバックをとおして長所や個性を認識させる、承認の基本とも言えるほめ方である。

やる気が出た言葉

・テニスの団体戦で本戦出場の直前にレギュラーの一人がけがをしてしまい、サブだった自分が出ることになった。その試合前に先生から、「**お前ができることをやれば負けないし、そのために教えてきたのだから大丈夫だ。行け**」と言われ、とてもやる気が上がった（男子）。

※注　「お前なら大丈夫だ」というような言葉をかけられてやる気が出たという例はとても多い。

伸びるきっかけになった言葉

・中学受験のために通っていた塾で生徒の態度が悪くなった時期があり、数人の先生が生徒を集めて叱った。それを聞いていた担任の先生が泣きながら、「**君たちはやればできる**」と言ってくれた。それを聞いた生徒たちも泣いていた。その頃からクラス全体の成績も伸びていった。先生と生徒の年齢が近かったこともあり、私たちを思ってくれていることが伝わったので、心に響いた（女子）。

・親戚に英語がペラペラの人がいて、私の英語の試験結果を見たとき、「**お前は天才だ**」と言われた。それ以来、英語は得意中の得意になった（男子）。

［**信頼型**］

頼りにしている、信頼して任せるというのは相手を認めている証拠である。それを意気に感じ、また信頼に応えるためにがんばる。

やる気が出た言葉

・私の親は一見すると放任で干渉しなかった。そして、いつも「**あなたは〇〇という**

良さがある。放っておいても力強く生きていけるたくましさがある。心の強いあなたが自分の判断で生きるのが最善」と言ってくれた。だから私は私を信じ、モチベーションも高いのだ（男子）。

・受験など大事なときに父は、「お前のやりたいようにやればいい。俺たちはサポートするだけだから」と言い、母は「あなたなら大丈夫」と勇気づけてくれた。両親の言葉でとてもやる気が出た（女子）。

※注　親に「好きなようにやればよい」と言われて信頼されていると感じ、やる気が出たという回答はほかにもたくさんある。

伸びるきっかけになった言葉

・小学校のころ、母になぜ勉強しろと言わないのか尋ねると、「勉強するかしないかはあなた次第。自分の将来や人生は自分できめなさい」と言われ、小学生ながらその言葉の重みを理解した。それ以来、受験などの節目になるとしっかり勉強し、自分のためになる高校、大学を選べたと思う（女子）。

・大学受験のとき成績が伸びなかったので、母に浪人すると言ったら、母は私に「**あなたが自分で考えてがんばっているから、私は何も言いません**」と私の気持ちを理解し、私の好きなようにさせてくれた。このことが、私が伸びるきっかけになった（男子）。

［激励型］

励まし、背中を押すことで勇気を引き出す。能力に対する評価や信頼が背後にあり、それが伝わるといっそう効果が大きい。

やる気が出た言葉

・中三で受験の前、部活の顧問の先生に、「**ここまで部活を続けて他の部員よりも優勝をたくさんとってきたのだから、受験でも負けるな**」と言われ、とてもやる気が出た（女子）。

・私が勉強で伸び悩んでいたり、将来のスキルアップのことで悩んでいたりすると、必ず親は「**夢があるんでしょ。あきらめないでがんばりなさい**」と言ってくれる。それでモチベーションが上がる（女子）。

伸びるきっかけになった言葉

・私は目先の楽しさを優先して友達と遊び回っていたが、あるとき親に「**今しかできないことにチャレンジしてみたら**」と言われ、留学を決意した。自己紹介もまともにできない英語力で海外に行き、たくさんの友達をつくり、英語を学び貴重な経験ができたのも、親からのこの一言があったからだ（女子）。

・大学生活をどのように過ごすべきかと悩み、不安だったとき、父は知人の冒険家に会わせてくれた。そして「**大きな夢をもつのはいいことだ。お前も早く夢を見つけ**

ろ」と言ってくれた。今考えると、これが伸びるきっかけになったと思う（男子）。

［**突き放し型**］

人によって、状況によっては突き放すとやる気を出す場合がある。肩の荷が下りたり、反発心が湧いたりするためである。

やる気が出た言葉

・期待されると他人の希望を押しつけられているように思えたので、親や教師に「**どうせ無理だろう**」と言われたときのほうががんばれた（男子）。

・応援団の練習で疲れ果てて勉強の時間も確保できずイライラし、家で親に不満を漏らしたり当たったりしていた。すると親は「**もうやる気がないんだったらやめなさい。中途半端がいちばんダメだし、それがあなたはいちばん嫌でしょう**」と強く言われた。最初は何も知らないくせに、と思ったが、だんだん「やめろ」と言われたことが悔しくなり、逆にやる気が出た。自分の中途半端さに気づかせてくれた親に、ほんとうに感謝している（女子）。

伸びるきっかけになった言葉

・高校で部活や遊びに夢中になり、成績が急落した。最初は何も言わなかった両親だが、受験が近づき狙える大学のランクが明らかになったとき、「**お前もここまでだったか**」と表情を暗くして言われた。そのとき、両親が本気で期待してくれていたことと、それがかなわないと失望させてしまったことをはっきりと知った。それから絶対に取り戻そうという強い気持ちで勉強に取り組み、どん底だった成績もゆっくりだが大きく伸ばすことができた（男子）。

・兄はとてもよく勉強ができ成績も良かったが、親は私に「**お兄ちゃんみたいにならなくていいよ**」と言った。負けず嫌いの私は闘争心が芽生えて「お兄ちゃんみたいに頭よくなりたい」と勉強をがんばるようになり、成績も上がっていった（女子）。

3　空気が変わり、人間関係もよくなる

†家庭やクラスが明るくなった

私が勤めている大学の政策学部では、二年生の後半から卒業まで二年半にわたってゼミナールが開かれる。その間、原則としてゼミのメンバーは替わらない。これほどの長期間、同じメンバーだとゼミ生同士がとても親しくなり、一緒に旅行に行ったり、ときにはカップルができたりすることもある。しかし、逆にゼミ生の間で人間関係がギクシャクしたり、倦怠期のようなものがやってきたりすることもある。

三年ほど前、何となくゼミの空気が悪くなってきたなとみんなが感じはじめたとき、ゼミ生のO君が「ほめ合いタイム」をやってみようと提案した。ゼミは毎週一回開かれるが、**最初の五分ほどの間に、だれでもよいので他のゼミ生の良いところをほめる**

のである。

たとえばこんな感じだ。

「〇〇君は週末に開かれたラグビーの試合に出場し、ワントライをあげました」。「この間、〇〇さんが雨のなか、駅前で募金活動をしているのを見かけました」。それを聞いたみんなが拍手する。面白い実践だということでテレビでも取り上げられた。

なかには自分のことをほめる、つまり自慢する学生もいる。

「僕はこの一年、ゼミに無遅刻無欠席を続けています」とか、「私のこの髪、自分でカットしたのですよ」といったように。

ふつうは他人をほめても自慢はしないものである。自慢は良くない、はしたないという固定観念があるからだ。しかし私のゼミでは、「自慢は大いに結構、みんなが自慢し合えるようになろう」という方針をとっている。ただし、みんながたたえてくれるような自慢の仕方を身につけてほしいと思っている。

やはり慣れるということは大切なもので、最初は自慢するほうもぎこちなく、自慢話が飛び出すとちょっと場がシラけることもあったが、繰り返すうちに学生たちはだんだん嫌みなく自慢するコツを身につけてきた。

ほめるにしても自慢するにしても内容は他愛ない話が多いし、大学生にもなるとそれによって自信がついたりやる気が出たりする効果はあまりないかもしれない。しかし、ゼミ生同士の会話が増え、協力し合う姿が目につくなど、人間関係は明らかに良くなった。そして空気が変われば意欲が高まり、勉強の能率も上がる。

予想外の効果もあった。彼らが言うには、「ほめ合いタイム」を取り入れてからアルバイト先でもお客さんに気楽に話しかけられるようになり、就職の面接でも和やかに話せるようになったそうだ。

†だれもが主役になれる機会をつくる

もっとも、本格的にほめ合う取り組みを行い、その効果をあげているという点では、やはり小中学校のほうが上手《うわて》だ。

先ほど紹介した池上小学校のほかにも、成果をあげている学校がある。

東京の豊島区立千登世橋中学校では、人との関係を豊かにしていく取り組みの一つとして、「今週のMVP」「ベスト呼びかけ賞」など生徒がさまざまな賞をつくり、生徒同士でほめてたたえる活動を行っている。目標にしているのは、**一部の生徒ではなく全員が主役になり目立つ機会を与えることだ。**

たとえば給食の時間に五、六人の班で「班内MVP」をきめるときは、顕著な活躍をしていると思う人をみんなが一斉に指さす。そしていちばん多くの人からさされた人がMVPになり、賞の名前はその実績にいちばんふさわしいものをみんなで考えてつける。

また運動会では、あらかじめ班の人間関係をつくっておき、運動会のあとには運動会を盛り上げてくれた生徒の名を短冊に貼ったり、班のメンバー一人ひとりにふさわしい賞を考えて発表したりする。「君はどこかでヒーロー」という名のエクササイズである。

そのほか、担任が生徒の模範となる行動や今後も継続してほしい行動をほめることや、提出された作文にはほめ言葉を中心にしたコメントを必ず記入することなど、一人ひとりを認めるさまざまな活動を工夫しながら行っている。

これらの取り組みをするようになってから、生徒同士が互いに良いところを探し合い、ほかの子を好きになるとか、みんなの前で意見が言いやすくなるなど、人間関係の面で大きな効果が見られるようになったという。

集団のなかでは、放っておくとどうしても注目される子と注目されない子ができてくる。注目される一部の子はいつも主役になれるが、それ以外の子はなかなか主役になれない。しかし、だれにも主役になり注目される機会を与えてやることが必要だ。そのためには、このような取り組みも有効だろう。

ここで紹介したのは学校の例だが、家庭や地域でも同じである。だれもが何らかの面で注目され、認められる機会があれば、自分の存在や価値を確認できる。いたずらやふざけたことをして無理に注目されようとする必要もない。

そして認めてくれた人を、認めてくれている家庭や地域を好きになる。また周囲の人が自分を認めてくれているとわかれば、自分も周囲の人に優しくしよう、親切にしようという気持ちになる。さらに、一人ひとりがそういう気持ちになれば場の空気が良くなり、明るくなる。このように個人から双方向の人間関係へ、そして集団や社会全体へと好影響が広がっていくのである。

†イジメがなくなった

その効果の表れとして、いま社会問題化しているイジメの減少があげられる。

ほめる実践をしている学校ではいずれもイジメがなくなった、あるいは大幅に減少したという声が聞かれた。

イジメがなくなった理由の一つは、ほめることによる直接的な効果、すなわち「**だれも自分をほめてくれる相手をいじめはしない**」ためである。

そして、もう一つの理由は集団の変化による間接的な効果である。

イジメには数人の「群れ」（集団）ができて、群れの内外にいる個人を、あるいは別の集団を攻撃したり、嫌がらせしたり、排除したりするタイプのものがある。「群れ」のメンバーが固定化し、結集力が強いほど、イジメも起きやすい。「群れ」は大人社会における派閥のようなものである。

では、なぜ「群れ」ができるかというと、メンバーにとって「群れ」のなかの人間関係が「群れ」の外にある広い世界の人間関係より重要だからである。あるいは「群れ」のなかのほうが外の世界より居心地がよいからである。したがって、有害な「群れ」をなくそうとするなら、**「群れ」を超える大きな集団の人間関係の比重を高めるか、あるいは「群れ」の外にある世界の居心地を良くすれば、「群れ」は自ずと弱体化するはずである。**

まず、大人の世界であった事例から紹介しよう。

チェーン展開している小売業のある店舗では、職場の人間関係が悪く、業績も全店舗のなかで最悪だった。従業員（ほとんどがパートタイマー）は数人単位で「群れ」をつくり、いつも「群れ」の外の人たちの悪口を言い合っていた。

そこへ赴任してきた若い店長は、何とかしてその店舗を建て直さなければならず、そのためには従業員の人間関係を改善することが最大の課題だと考えた。そこで彼は、従業員に対して二つのことを約束させた。一つは、言いたいことがあれば陰口をたたくのではなく、全員の前で堂々と言うこと。もう一つは、昼ご飯は「群れ」単位でなく、みんなで一緒に食べること。

すると、たった二つを実行させただけで人間関係は劇的に改善され、業績も全店舗のなかでトップになったそうである。いかに「群れ」の害が大きかったかを示すエピソードである。

実は私のゼミでも同じようなことがあった。二〇人前後とけっこうな大所帯なので、放っておくと数人の「群れ」があちこちにできてしまう。すると彼らは「群れ」の外の学生とはほとんど話をしないし、「○○さんはいつも活動をサボっている」とか「リーダーのゼミ運営が強引だ」といった陰口が伝わってくる。

ところが「ほめ合いタイム」で全員がほめ合うようにすると、自然にコミュニケーションの輪が広がり、「群れ」の影が薄くなる。たとえて言うと人間関係の濃淡によるまだら模様が、だんだんと消えて均一な色になっていくようなものである。

ほめる取り組みをした小学校や中学校でも、同じような変化が報告されている。イジメの温床になりやすい「群れ」の増殖を防ぐためにも、全員のコミュニケーションの輪を広げることが大切だ。みんなでほめ合うことは、そのための有効なツールとなる。

しかも、それは単にイジメの防止にとどまらず、閉鎖的なムラ社会に引きこもらせず、広い世界で通用する人間を育てるのにも大切なことである。

†親自身が成長した

ほめる研究プロジェクトに協力してもらった親や教師が、きまって口にする言葉がある。それは「親が学ばせてもらった」「自分自身が気づかされた」という言葉である。

幼稚園の教師からは、「自分の幼児教育について考え直した」とか、「気持ちの余裕の大切さを知った」という声が聞かれた。親もまた、「わが子を客観的に見ることができるようになった」とか、「感情をすぐ口や行動に出さず、冷静に子どもと接する習慣が身についた」という。

ほめることは承認のひとつであり、承認は相手との相互作用のなかで行われる。ただ親や教師は日常的に子どもと接していても、子どもとの関係を振り返るきっかけが意外と少ない。

そこにほめる取り組みをはじめ、子どもを努めてほめるようにすると、親や教師が自分自身の子どもに対する関わり方を考え直し、新しい関係づくりに挑戦するきっかけになる。そのため、子どもを成長させるプロセスのなかで親や教師自身も成長するのである。

それは言うまでもなく親と子、教師と生徒の関係にとどまらない。企業では新入社員が一人前に育つのを手助けするため、入社数年たった先輩が仕事や生活の相談に乗ったり助言したりする「メンター制度」を取り入れるところが増えている。ところがこの制度でも、一年間たつとメンター自身が確実に成長しているそうである。最近は、メンターの経験を通して成長させ、リーダーシップを養わせることを主目的に制度を導入している会社もあるくらいである。

「ほめるは人のためならず」だ。

もちろん企業のメンターにしても、親や教師にしても、**相手を育てるという本来の目的からすると、ただやみくもにほめればよいというものではない。**相手と状況を正しく理解し、ツボを押えたほめ方をしてこそ大きな効果が得られる。

次の章では、なぜほめると伸びるのか、どのようなほめ方がよいのかを詳しく説明することにしたい。

第2章 ほめて伸ばす（基本編）

1　ほめたら伸びるのはなぜか？

†ほめることの意味

前章で紹介したいろいろなデータや事例から、子どものやる気を引き出し、伸ばすのに「ほめる」のが有効だということは理解していただけたと思う。

しかし、実際に自分がわが子や教え子をほめるとなると、「なかなかほめるきっかけがない」とか、「ほめても効果があがらない」「かえって逆効果になった」というような声が聞かれる。先に紹介した成功例や成果をあげている取り組みでも、背後には多くの失敗例や試行錯誤があったことは想像に難くない。

なぜ、ほめることはそれほど難しいのか？　また、なぜ効果があがらない場合があるのか？

多くの場合、その原因はほめることの意味が正しく理解されていないところにある。ちょっと小難しい話になるが、ここでやる気（モチベーション）が出る仕組みについて説明しておこう。

人間のモチベーションと成果や報酬の関係を説明する理論はいくつもある。そのなかでも説明力の高い理論として、「**期待理論**」があげられる。期待理論で説明すると、モチベーションの大きさは、〈報酬（あるいは目標）の魅力〉と、〈努力すればその報酬が手に入るだろうという期待〉を掛け合わせたものによってきまる。

掛け算になっているのは、どちらかの値が高くても、もう一方の値が低ければモチベーションは上がらないことを意味する。たとえば、どんなに魅力的な報酬（目標）であろうと、いくら努力しても手に入りそうになければ単なる「高嶺の花」で終わる。逆にがんばれば手に入りそうな報酬でも、報酬自体に魅力がなければ、これまたやる気は湧かない。両方が高くなってはじめてやる気が出るのである。

図表10は、E・E・ロウラー三世などの期待理論を参考にしながら、モチベーションが継続する仕組みを図式化してみたものである。

努力、成果、報酬はサイクルになっているのでどこからはじまるときまっているわけではないが、かりに努力からはじまるとしよう。努力すれば成果があがる。成果があがれば報酬が得られる。そして実際に報酬が得られると、努力が報酬に結びつくと信じられるので、また努力しようという気になる。

そして、①努力すれば成果があがると信じられるほど、②成果があがれば報酬が手に入ると信じられるほど、そして③報酬の魅力が大きいほど、モチベーションは大きくなる。なお、ここでいう報酬には、お金や物だけでなくいろいろな喜びや達成感など個人に満足を与えてくれるあらゆるものが含まれている。

努力すれば入試に通る。入試に通ればあこがれの制服が着られる。あるいは、将来の夢が実現できる。そう信じられたら、がぜん勉強する気が湧くわけである。そして、努力→成果→報酬→努力……というサイクルが力強く回れば、やる気が持続する。

承認、すなわちほめたり認めたりすることの最大の効果は、努力をすれば必ず成果があがると信じさせるところにある。つまり、努力→成果の矢印を太くするのである。「やればできる」「努力をすれば成果があがる」という自信。それに関連する専門用語がいくつかある。

Ａ・バンデューラは、環境を効果的に支配できているという感覚のことを「**自己効力感**」（self-efficacy）と名づけた。また、Ｒ・Ｗ・ホワイトは自分自身の環境と効果的に相互作用する能力をコンピテンス（competence）と呼んでいる。コンピテンスの実感が「**有能感**」である。このように自己効力感と有能感は類似した概念だが、自己効力感は具体的な目標や課題を達成するための能力（感）であり、有能感のほうがより一般的な能力（感）だとされている。

また教育の分野で近年よく使われるようになった「自己有用感」や、「自尊心」「自尊感情」「自己肯定感」などの言葉も定義やニュアンスが若干違うものの、かなり近い概念だといえよう。

図表10　努力、成果、報酬のサイクル

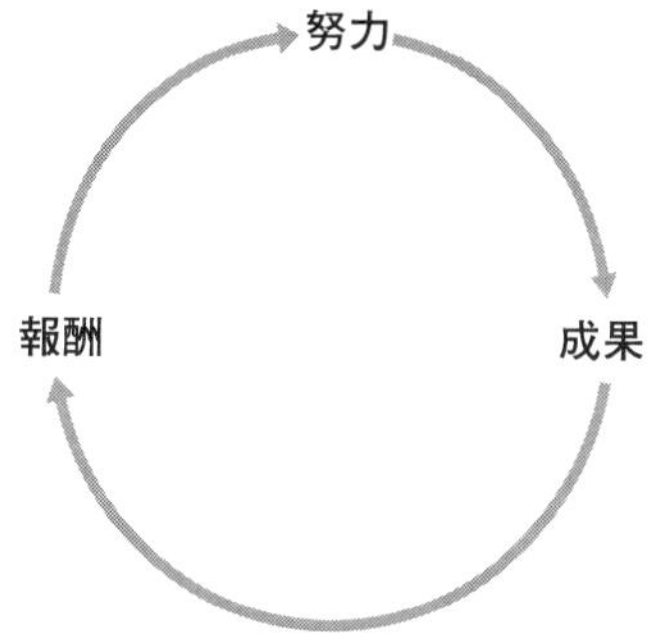

自信がもてない日本の子

いずれの言葉を使うにしても、やる気を引き出すには、努力すれば成果があがるという自信をもたせることが大切なわけである。さらに、やる気を出して努力すれば現実に成果（成績）が上がるし、能力も高まる。したがって、そこに照準を合わせてほめたり、認めたりすることが必要だといえる。

ところで、そこに注目することによって日本の子どもたちの弱点、問題点がはっきりと見えてくる。自信をもてない子がとても多いのである。

図表11は、財団法人日本青少年研究所が日本とアメリカ、中国、韓国の高校生を対象として二〇一〇年に行った調査の結果である。一目でわかるように、**日本の高校生は他国の高校生に比べ自己肯定感が極端に低い**。自分自身に価値を見出したり、自分を肯定的に評価したりできる生徒がとても少ないのである。

また社会学者の河地和子は日本、スウェーデン、アメリカ、中国で一四〜一五歳の子、計四〇〇〇人を対象に調査しているが、「私は自分に対して積極的な評価をしている」「私は人並みに、いろいろなことをする能力があると思う」「私は自分を誇れるものがあまりないような気がする」（逆尺度）という自信を表す各項目で、日本の子どもは他の三カ国の子どもに比べて肯定する者が著しく少ない。

図表11　高校生の自己肯定感

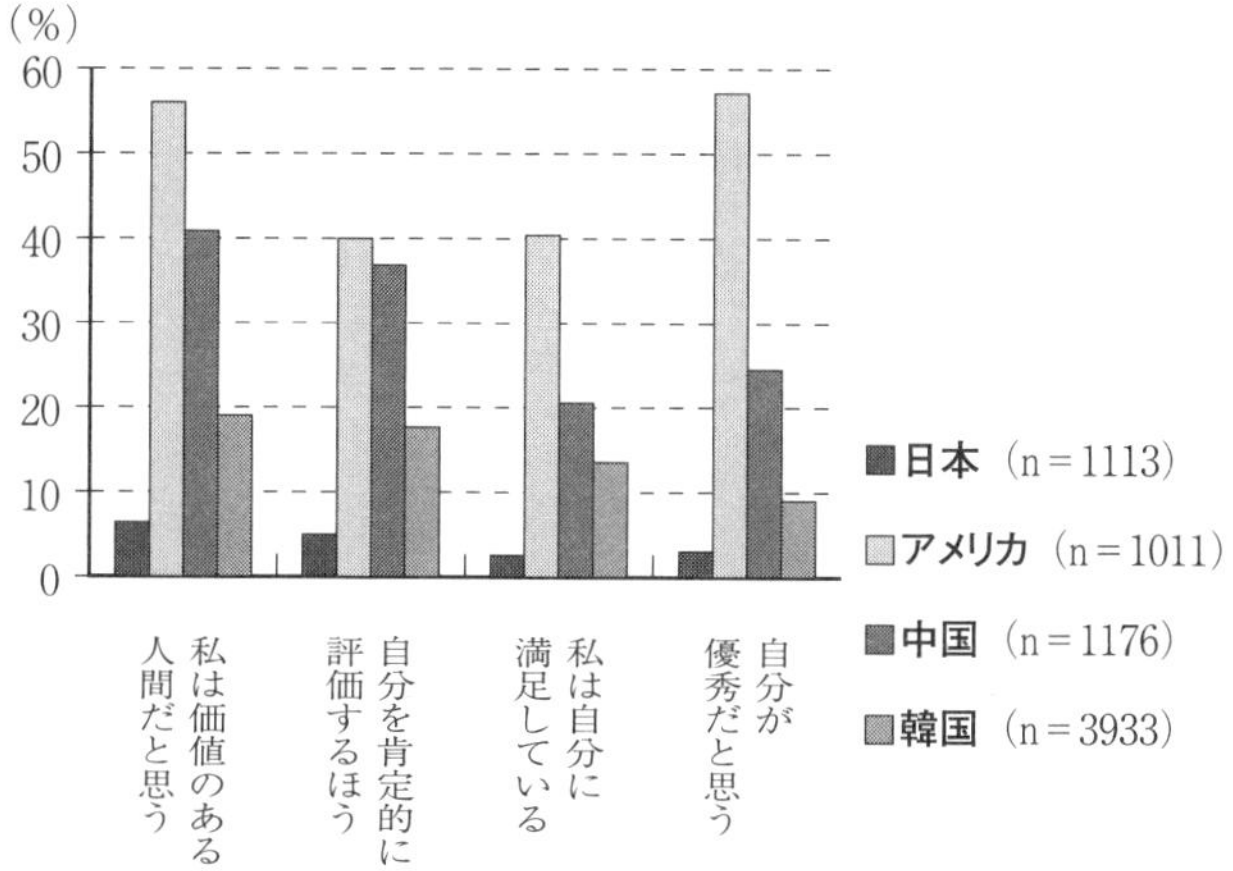

資料：財団法人日本青少年研究所調査（2010年実施）をもとに作成。

さらに小児科医・児童精神科医の古荘純一も、日本の小中学生と、ほぼそれと同年齢にあたるドイツの子どもと比較し、日本の子どもの自尊感情が低いことを示している。

このように日本の子どもは、他国の子どもと比べて自己肯定感や自尊感情が低い。努力してもできるかどうか自信がもてないのである。これだと図表10で示した努力→成果の矢印が細いので、サイクルが力強く回らない。たとえ成果をあげれば魅力的な報酬が待っているとわかっていても、何かに挑戦しよう、がんばって成績をあげてやろうといった意欲が湧かない。そして、ちょっと失敗しただけで、やっぱりダメだとあきらめてしまう。

ちなみに自信がもてない人が多いのは子どもに限ったことではない。日本人、とりわけ看護師、介護士、教師など対人サービスに携わるさまざまな職種で、自己肯定感や自己効力感の低いことが指摘されている。

ここで知りたいのは、そもそも日本人、そして日本の子どもの自己肯定感や自尊感情が低いのは、日本人が連綿と受け継いできた国民性によるものなのか、あるいは親や教師をはじめとする周囲の人たちとの関係が原因なのか、である。

かりに国民性によるものだとしたら、それを高めることは容易でない。しかし私たちが人間関係のなかでつくってしまったものだとしたら、子どもに対する接し方や取り巻く環境を変えることで自己肯定感や自尊感情を高められるはずだ。

そこで注目したいのは、古荘が行ったオランダの小中学校（現地校）、オランダの日本人学校、日本の学校、の三者比較である。オランダの小中学校と日本人学校との間には差が小さい一方、両者と日本の学校との間には大きな差が表れている。このことから古荘は、日本の子どもの自尊感情の低さは「国民性や文化的背景の影響というよりは、子どもを取り巻く家庭、学校、社会環境要因に依るところが大きい」（九八〜九九頁）のではないかと述べている。

すなわち、親や教師などの子どもに対する接し方や子どもを取り巻く環境を変えれば、日本の子どもの自尊感情を高めることは可能だということである。

†「自己効力感」に働きかけるのがポイント

そして、もう一つ気になる調査結果がある。青少年を対象にしたある調査によると、近所の大人からほめられた経験が「まったくない」か「あまりない」という子が高校二年生では四割、中学二年生では三割に達する（世代間交流活動研究会「青少年および高齢者の異世代に対する意識調査報告書」二〇〇〇年）。

私たちが子どものころには、そのような子はほとんどいなかったと思う。ところが今では、都会はもちろん田舎でさえ近所の大人と接する機会はめっきり減った。そして家庭のなかでもまた核家族化や少子化によって、立場の違う複数の人からほめられる機会は減っている。それが先に述べた自己肯定感や自尊感情の低さと無関係ではなかろう。

先に紹介した河地の調査結果では、スウェーデンの子どもたちの自信度が抜群に高いが、そのスウェーデンでは「子どもをほめることに心を砕き、注意はするが叱責や批判はしないという教育方針が教育長から各学校に求められている」(河地 九六頁)といわれる。

こうしてみると、わが国でも子どもに自信をつけさせるため、もっとほめてやる必要があるといえそうだ。

実際、先に紹介した幼稚園や中学校、高等学校における研究プロジェクトでは、親や教師がほめることによって自己効力感が高くなり、得意なものができるなど、自信をもてるようになるという結果が得られた(統計的には有意でないものも含まれている)。また企業の従業員を対象にした同様の研究プロジェクトでは、自己効力感を高める効果がはっきりと表れている。さらに学生アンケートで述べられている、やる気が出た、伸びるきっかけになったというエピソードも、よく読めばその多くが自己効力感と関係していることがわかる。

ところで、言葉による混乱を招かないため、このあたりでそろそろ言葉を統一しておくべきだろう。前述したように「自己効力感」「有能感」「自尊感情」「自己有用感」といった言葉の間に多少の違いはあるが、あえて区別せずに使っても差し支えない場合が多い。

そこで、調査結果を引用する場合や定義にこだわる必要がある場合を除き、以下では便宜上「自己効力感」という概念（言葉）を用いることにしたい。

人間にとって大事なのは自分が思うように生き、成長できることであり、そのためには**自分の置かれている環境のなかで、自分の意思によって生きていく能力があると実感できなければならない**。したがって環境をコントロールしようとすること、自己効力感を得ようとすることは本能のようなものだといえる。

生まれたばかりの人間は無力だが、徐々にいろいろなことができるようになる。そして自ら能力をつけ、能力がついたことを確かめたがる。子育ての経験がある人ならおわかりだろうが、二、三歳になれば大人がすることは何でも自分でやらないと気がすまない。「自分でする」「○○ちゃんがやる」というのが口癖のようになる。親が横から手助けしようものなら、泣き叫んでもう一度最初から自分でやり直そうとするものだ。

成長するにつれて自己効力感を得ようとする領域、手段は多様化、複雑化する。一般に、幼いころには遊びや日常生活などで「できる」いう感覚を求めるが、やがて勉強、スポーツ、兄弟や友人との人間関係など自分の意思に基づいた活動で能力・影響力を発揮し、また能力・影響力があることを確かめようとするようになる。

そして、それらは互いに関係し合う。たとえばスポーツで自信をつけると勉強にも前向きに取り組むようになるとか、人間関係でも積極的になるといったようなことがある。逆に、運動は苦手だが勉強なら負けないとか、勉強のなかでも数学は苦手だが国語には自信があるというように切り分けて考えられるようにもなってくる。

一方では自己効力感を保つため、自分の能力の限界をさらすリスクのある課題にチャレンジすることを避けるような行動をとる場合もある。**自分にとって大事な領域ほど、失敗によって傷つきやすいので、防御しようとする気持ちも強くなる。**

このような自己効力感を充足しよう、維持しようとする意識や行動は子どもに特有のものではなく、成人後も終生続く。つまり、人間は自己効力感を得るために生きているといっても過言ではないくらいである。

そして、前述したとおり自己効力感にはモチベーションを高め、それによって成績（成果）を上げる効果がある。さらに自己効力感は不安やストレスの抑制、問題行動の改善などにも効果があることが明らかにされている（坂野雄二・前田基成）。

†自己効力感は成功体験から生まれる

「やればできる」という自信は、何よりも自分の経験によって得られる。自己効力感を高めるのに、いちばん効果があるのは成功体験なのである。

その証拠に、成功体験がもたらす効果は人間だけでなく他の動物にも見られる。たとえばイヌやネコでも、自分で戸を開けたりエサをとったりするのに何度か成功したら、堂々とそれをするようになる。逆に何度か失敗したらそれをあきらめてしまう。

それを利用したのがイヌの訓練や動物園の調教であり、成功したら褒美を与えることをくり返してその行動を定着させる。それを心理学では「強化」という。逆に失敗経験が積み重なると、やっても無駄だと思って努力しなくなる（「学習性無力感」と呼ばれる）。

人間の場合にも成功体験が大切である点は他の動物と同じだ。しかし、**人間の場合には他の動物ほど単純ではない。そこに「認知」や「思考」という過程が加わるからである。**たとえば、いくら成功体験を重ねても何かの拍子に突然失敗するイメージが頭をよぎって不安に襲われることがあるし、失敗するリスクを過大に意識する場合もある。あるいは成功しても、たまたま運がよかっただけだというように解釈し、成功体験をなかなか自信につなげられない人もいる。

そこで、承認が力を発揮する。成功したときにほめたり認めたりしてやると、その成功が自分の力によるものだと確認できる。

もちろん成功したとき以外にも承認は必要だ。そもそも努力や挑戦をしなければ成功も進歩もあり得ないので、結果はともかく努力したこと、挑戦したことをほめてやればそれも自信になる。また子どもの能力をほめて、「やればできる」と自覚させることもできる。

ほめても逆効果になる「アンダーマイニング効果」

自己効力感を高めることがいかに大切かを示す、一つの研究を紹介しておこう。

人間のモチベーションには、活動や仕事そのものによる「**内発的モチベーション**」と、お金や物など外から与えられる報酬による「**外発的モチベーション**」とがある。

単純に考えたら、内発的に動機づけられているときに報酬を与えたら、モチベーションはいちだんと高まりそうだ。ところが実際にはそうではなく、報酬を与えることがモチベーションをむしろ低下させる場合がある。それを実験によって明らかにしたのが社会心理学者のE・L・デシであり、このような現象を「アンダーマイニング効果」と呼んでいる。

デシによれば、報酬がその人の有能さと自己決定に関する感情を高められるようなら内発的モチベーションを高めるが、自分の行動を制御しようとするものだと受け止められたら内発的モチベーションを下げてしまう。**つまり同じ報酬でも、それが自分**

の力で獲得できたのだと実感できればいっそう意欲が湧くし、逆に自分の自由を脅かすものだと感じたら意欲が失せるわけである。

なお、デシが研究に用いた報酬は主に金銭など有形の報酬であるが、ほめ言葉など無形の報酬も多少なりとも同様の効果をもたらすと考えられる。

このように自己効力感に照準を合わせることによって、ほめ方のポイントや勘所が見えてくる。

では、自己効力感を高めるほめ方とはどのようなものか? 節を改めて説明したい。

2　子どもを伸ばすほめ方

†一時のやる気より、「自ら伸び続ける力」を育てる

ここに高校受験を控えたA君とB君の二人がいるとしよう。二人は競い合って勉強

した結果、ともに成績が上がり、親や教師にほめてもらった。そして二人とも、努力すれば成績が上がるし、志望校にも合格できる、そして親や教師にほめてもらえることがわかった。

しかし、そこからが違う。A君は希望どおりの学校に入れる見込みが立ったので安心し、それ以上努力しようとはしない。一方、B君は「やればできる」という自信がついたので、志望校のランクを上げ、以前は高嶺の花にすぎなかった学校をめざすことにきめた。あこがれが現実になりそうだとわかったので、B君はそれまで以上に努力するようになった。するとまた成績が上がり、さらに上位の学校も視野に入ってきた。当初は頭の隅にもなかった難関校へみごとに合格したB君は、高校入学後も難関大学への進学をめざして猛勉強を続けている。

これはあくまでもフィクションだし、難関校への進学が本人にとってもよいことかどうかはわからない。ただ、どんな道へ進むにせよ、B君のように自ら伸び続ける力をつけさせることが親や教師の役割であることに異論はなかろう。

A君の場合、図表10のサイクルは、報酬を手に入れた時点で途切れてしまった。それに対してB君の場合には、サイクルが回り続けるばかりか、スパイラル（渦）を描いて上昇し続けている。

では、B君のように自ら伸び続けるには何が必要か？

二つの条件がいる。

第一に、報酬の魅力が衰えないことである。一般に衣食住のように低い次元の欲求のみに関係する報酬は、獲得したらそれで満足してしまい、それ以上の努力をしなくなる。あるいは、次も同じだけの努力をすればよいと考え、それ以上にがんばろうとはしない。一方、達成欲求、成長欲求、自己実現欲求などと結びついた報酬は、獲得しても魅力が衰えず、より高い水準をめざして努力し続ける。

しかし、常に高い水準をめざしていると、それだけ難度は高くなり続ける。したがって自己効力感も大きくなっていなければならない。つまり、**自ら伸び続けるためには自己効力感が高くなり続けることが第二の条件である。**

第一のほうは後回しにして、ここでは第二の自己効力感を高める承認の方法について述べよう。

†具体的、客観的な事実に基づいた承認

承認の基本は、情報のフィードバックである。自分の成績（成果）、実力、可能性、長所などがわかれば、それが自己効力感につながる。

テストの成績、五〇メートル走のタイム、握力や背筋力といった単純な成績・能力は数字だけ見れば自分でもわかる。しかし、複雑で抽象的になるほど自分ではわからない。自分の作文や絵がどれだけ優れているか、歌がどれだけうまいか、野球のセンスがどれだけあるかなどは他人の評価をとおしてはじめて知ることができる。

さらに、自分が人間としてどれだけ魅力的か、リーダーシップがあるか、仲間として受け入れてもらえるかといった人間関係にかかわることがらになると、自信がもてるかどうかは他人の評価そのものにかかっているといってよい。

承認は鏡にたとえることができる。だれも自分の顔を直接見ることはできない。ギリシャ神話に登場するナルキッソスのように正面の顔は水に映して見ることもできるが、横顔や後ろ姿は鏡を使ってはじめて見ることができる。

承認の役割は鏡と同じであり、自分自身では十分に認識できない能力や個性、実績、可能性、魅力的なところなど主としてポジティブな面を伝えてやることだといえる。

鏡にたとえ続けるなら、曇った鏡やゆがんだ鏡は自分の姿を正確に見ることができない。たとえ実物以上に美しく見えるときがあっても、逆に実物より劣って見えるときもあるので結局は役に立たない。

したがって承認も、できるだけ具体的な事実、客観的な情報に基づいて行うことが基本である。

たとえば、「英語がよくできるね」とほめるより、「TOEICの点数が昨年から五〇点も上がっているから、この調子なら来年はアメリカの〇〇大学に入れるよ」とほめるほうが確かな自信につながる。また「担任の先生があなたは人を引っ張る力があるから、将来は社長や監督のようなリーダーになれると言っていたよ」というように、第三者の声を伝える形でほめるのも信憑性を高めるので効果的だ。

そして高校生以上になれば、数字や事実を知っただけで十分に自分の実力が認識できる場合には、あえてほめるより本人自身にその意味をじっくりかみしめさせてやるほうがよいかもしれない。

逆に、誇張したほめ方や事実に反するようなほめ言葉は、たとえ一時的に効果があっても、永続的な効果を期待することはできない（後に述べるように例外もあるが）。

このように考えれば、「ほめる」という行為はあくまでも承認の一手段であるということが理解してもらえると思う。黙認したり、励ましたりすることのほか、場合によっては叱ることも承認の手段になる。そして、ほめるという行為についても、行為そのものより、ほめ言葉のなかに含まれている情報に意味があるのである。

†ほめるタイミングが大切

自己効力感を高めるうえでもう一つ大事なことは、ほめるタイミングである。

水族館でイルカやアシカに演技を教えるとき、うまくできたら飼育員はすぐにエサを与える。直後にエサを与えるのは、その行為に対する褒美だという因果関係をはっきり理解させるためである。しばらくたってから与えても、なんの褒美だかわからない。

子どもをほめるのもそれと同じで、自分から挑戦したとき、物事を達成したとき、良い行いをしたとき、成果をあげたときには、その直後に、そして必ずほめるのが基本である。それを繰り返すうちに習慣化され、自然と自信もついてくる。

しかし、それはあくまでも基本であって、このようなほめ方をしているかぎり「動物レベル」を超えることはなかなかできない。ほめられるためにがんばっているのだから、ほめなければがんばらない。

そこで次に、努力の源泉を内面化していく必要がある。たとえていうと、**自分自身のなかにエンジンをつくるのを手伝ってやるのである。**最初のうちは毎回ほめていたのを二回に一回、三回に一回……というようにだんだんと減らしていく。また行為の直後にほめていたのを、少しずつ間を置いてほめるように変えていく。

このように努力と報酬との結びつきを少しずつ弱めることによって、逆に自分の能力に対する確信が定着し、ほめられることよりもっと大事なことのために努力するようになる。ただし、これは子どもの成長と比例して行う必要があり、かなり息の長いプロセスだということを覚悟しておく必要がある。

†ほめるより、ほめられる機会をつくること

ところで、ほめることや認めることが大切だといわれると、親や教師は自分でほめたり認めたりすることばかり考えるものだ。しかし、すでに述べたとおり承認は必ずしも親や教師が自分で行う必要はない。子どもにとって親や教師にほめられることは必要だが、もっとほかの人にほめられたり、大勢の人に認められたりするほうが自信につながるケースも多い。

したがって親や教師は、自分で子どもをほめるだけでなく、子どもが周りから承認される機会をつくってやることが大切である。

子どもをほめようと思っても、きっかけがなければほめるのは難しい。こちらにも意地や面子があるし、人間関係の機微もあるからだ。たとえ勇気を出してほめたとしても空回りするかもしれないし、理由なしにほめられても自信にはつながらないものである。

そもそも、そこには明らかな無理があるのだ。ほめることの原点に返り、考えてみ

よう。

本来、理由があるからほめる。たとえば子どもが何か良い行いをした、良い結果を残したからほめるのである。したがって、無理にほめようとしなくても、まず行動させればよいわけである。そうすれば、自ずとほめる理由ができてくる。がんばったらそのがんばりを、また何らかの成果をあげたらその成果をほめてやる。行動しただけでもほめてやればよい。

そのようにすると、子どもは行動のなかから学べるし、成功体験もほめられることによって重みを増す。ほめられたら、それほど価値のあることをしたのだと実感できるわけである。

最初はその子が興味をもちそうなことをやってみるように促すとか、家族やクラスの一員としての役目を自覚させ、それができたときにほめてやる。スポーツや楽器の演奏でも、あるいは食事の後かたづけや風呂の掃除でもよい。そして、だんだんと自発的に行動するように仕向け、できたらほめるようにする。

第1章で紹介したZ中学校の実践は、まさにこの方法をとっている。この学校では、生徒たちが自ら問題解決のための計画を立て、実行するように、教師は陰で支援する役割を担った。そして生徒が主体的に取り組み、達成したらほめるようにした。

Z中学校の取り組みが大きな効果をあげた理由は、それが他の条件も整えながらシステマティックに行われたところにあるといえよう。

第一にあげられるのは、下級生を指導するという役目を与えたことである。まず、任されたこと自体が認められた証であり、リーダーとしての自覚と責任感も身につく。そして、実際に指導したり助けたりするなかで着実に自信もついてくる。もちろん、その過程では思うようにいかないこともあるだろう。そこで生徒が失敗して自信を喪失しないよう、教師が陰でサポートする体制をとっているのである。

第二に、教師だけでなく保護者や地域の人たちなどを巻き込み、あらゆる方向から承認していることである。多方面から、多くの人に承認されるほど自己効力感（このケースでは自己有用感）は強くなる。

そして第三に、小学校と連携し計九年間という長期にわたって活動に当たらせたことである。人間の態度や行動を変え、それを定着させるまでにはかなりの時間がかかる。かりに効果が表れても、環境が変わればすぐ元に戻ってしまうものだ。その点、人格の基礎が形成される小中学生の時期に一貫して体験を積ませ、フィードバックを与え続けたことが成功をもたらしたと考えられる。

生徒が**自発的に行動するように役目を与え、陰でサポートしたこと。多方向から承認される機会をつくったこと。長期的な取り組みで態度や行動の変化を定着させたこと**。これらはいずれも、学校ではもちろん、家庭での子育てにも通用する大事なポイントである。

✝自ら行動する仕組みをつくる

実は、第1章で紹介した研究プロジェクトを行った幼稚園や学校は、いずれも子どもを主体的に取り組ませる教育に熱心で、ふだんから園児や生徒を自然に行動させたり、行動を促したりする仕組みをつくっている。それゆえ、プロジェクトでも比較的自然な形で子どもをほめることができたようである。

S幼稚園では運動会や発表会などのイベントに加え、「子どもは自由にさせたら行動する」という考えから、クラス単位で遊ぶ時間、絵を描く時間などを意識的に取り入れている。また預かり保育は縦割りなので、年長の子が年少の子の世話をして教師からほめられる機会も多い。

またY中学校では、学内行事や学内レクリエーションを工夫してみんなが活躍する場をつくるとともに、掲示物や学年集会で活動を紹介・発表するなど、みんなが評価される機会を増やす「生き生き元気プロジェクト」と称した活動に力を入れている。そしてH高等学校では、生徒に老人ホームの慰問や地域の清掃ボランティアを行わせるほか、地域の祭にも参加するように勧めている。とりわけ同校の太鼓部員は地域の祭りで腕をふるう機会も多く、周囲から注目されるチャンスにも恵まれている。

ところで、「まず行動させる」には、それをルーチン（日課や定例行事）にしてしまうのも一つの方法である。定期的にするべきことがきまっていて、しかもみんなで行うのなら行動に移しやすい。

かつてはどこの地域でも祭りや子供会などの行事があり、年齢の違う子どもたちが一緒になって活動するのが当たり前になっていた。そこでは親や教師だけでなく、地域の大人や先輩からも自然な形でほめられたり認められたりしたものだ。地域社会の変化によってそれらの活動が衰退した今では、**幼稚園や学校の運動会、発表会、体育祭、文化祭といった行事や日直、当番などの活動がそれに替わる役割を果たしている。**

その証拠に、幼稚園と中学生、高校生のアンケートでも、やる気が出たエピソードとしてこれらの行事をあげる子（幼稚園では親）が多い。幼稚園では行事に親や祖父母が参観にきてくれるので、子どもにとっては大事な人たちに認めてもらえる絶好の晴れ舞台になっている。また中学生や高校生の場合、学校生活全体のなかでこれらの行事が占める日数はわずかであるにもかかわらず、多くの生徒がそれをあげているのは興味深い。

いずれにしても、「まず行動させる」ことがいかに大切か、そして行事として恒例化することがどれだけ有効かを物語っている。

†一家のピンチを逆手に

家庭でもふだんから家族の一員として何らかの役割を担わせ、家族がそれを認めてやることが大切なわけである。また子どもが小さいうちは、おだてながらお絵かきをさせてみたり、ペットの世話をさせたり、親子でキャッチボールをしたり、行動先行で認められる機会をつくることもできる。

ところが中学生、高校生になって反抗期に入ると親の誘いにも乗ってこなくなり、さっぱりお手上げという状態になる。

反抗期に入ると親の言うことは聞かなくなるのが普通だが、友だちや仲間に対しては素直で、影響を受けやすい。そこで、友だちや仲間に行動のきっかけをつくってもらうとよい。たとえば、友だちを家に招いて一緒に勉強させる、友人が通っている塾やスポーツクラブに入れる、友だちと一緒に海外でホームステイするように勧めるといった方法がある。**反抗期には仲間の力を借りるのが有効だ。**

突然訪れた家族のピンチが、子どもに成長の機会を与えるきっかけになったというケースも少なくない。

ある家庭では子どもたちの祖父が突然倒れて入院し、母親がつきっきりで看病しなければならなくなった。いちばん困ったのは家族の食事をどうするかである。父親は昔気質の人間で台所には入ったことがないし、仕事があるので時間的にも難しい。中学生と小学生の子はどちらも食事などつくったこともない。しかし、食事をつくれる余裕があるのは中学生の長女しかいない。

そこで、長女に突然の任務が降りかかってきた。長女はしぶしぶ小学生の妹に手伝わせながら、家族の食事をつくりはじめた。お世辞にも料理が上手にできたとはいえないが、とにもかくにも食事をまかない、一家の救世主となったのである。両親が心から感謝し、ほめたことはいうまでもない。

長女にとって、家族のために役立った、しかも家族の窮地を救ったという経験はすこぶる大きい。また、それ以来、両親や妹は彼女に対して一目置くようになり、家族のなかにおける彼女の地位や発言力も格段に大きくなった。のんびり屋で家族のなかでも存在感の薄かった彼女は、それをきっかけに「しっかり者の長女」へと生まれ変わったのである。

父親がリストラに遭い、再就職したが給料が大幅に減って生活が苦しくなったので、非行に走りかけていた高校生の息子が郵便配達のアルバイトをはじめた。それを家族にほめられた彼は生活態度が一変しただけでなく、成績もうなぎ登りに上がったという例もある。

いずれも、降って湧いた能力発揮の機会、認められる機会が最大限に活かされたエピソードである。文字どおり「災い転じて……」といえよう。

†友だちに認められてこそ

子どもの自己効力感を高めるうえで、気をつけなければならないことがある。いうまでもなく、人は人間関係のなかで生きている。とくに欧米人と違って日本人の「自己」は、周囲の人たちとの人間関係のなかにあるといわれる（Markus and Kitayama）。たしかに大学の新入生を見ていても、留学生や帰国子女と比べると日本人学生は周囲の友人やクラスメートとの人間関係が濃く、態度や行動もその影響を強く受けていることがわかる。発言一つするにも、周囲にどう思われるかをとても気にしている。

したがって自己効力感も、単純に個人として考えるだけでなく、人間関係のなかで考えることが必要だ。つまり、その子にとって人々にどれだけ受け入れられるか、どれだけ影響力を与えられるかが大切なわけである。

とくに高校生以下の子どもの場合、大人に比べると人間関係は狭い。家族や親類のほかには、せいぜい学校の同級生や遊び仲間、塾や習い事の友だちくらいである。そのなかでも学校の同級生と、友だちグループの存在感はとても大きい。そこが彼らの「世間」であるといってもよい。

彼らの世間には、独特の価値基準や規範、序列が存在する。そして、小学校の高学年から中学生、高校生のころはそれらがとくに大きな影響力をもつので、**親や教師からの承認よりも同級生や仲間からの承認のほうを重視するのがむしろ普通だ。**

したがって子どもをほめるときにも、その子が集団の中でどんな位置を占め、周囲の目をどのように受け止めながら生きているか、ほめられたことがそれにどんな変化をもたらすかを考えなければならない。そうしないと、せっかくほめてもかえって逆効果になる。たとえば、友だちの前で自分だけほめられたために友だちとの関係が気まずくなり、それ以来、ほめられることをしなくなるケースがある。

しかし、だからといって子どもたちの人間関係を尊重しすぎて仲間集団のなかに埋没させてしまうのもよくない。前述したように、有害な「群れ」をつくらせない工夫が必要なときもある。また、子どもの世界での価値基準をそのまま肯定するのも問題だろう。その微妙なさじ加減について正解を述べることは難しいが、子ども特有の世間があり、それが想像以上に重要な意味をもっていることは念頭に置いておくべきである。

†夢や目標をもたせるには

自ら伸びるようになる条件の一つである自己効力感について詳しく述べたが、次に、もう一つの条件である「報酬の魅力が衰えないこと」について説明しよう。

一般に短期的な目標だと、それを達成した時点で達成しようとするモチベーションは消滅する。野球の大会で優勝する、成績がクラスで一番になる、志望校に合格するというような目標がそれだ。実際、それまでは目を輝かせがんばっていたのに、目標を達成したとたん、生気を失い無気力になってしまったという例は多い。大学に入ったばかりの学生がかかる「五月病」はその典型だ。

一方、長期的な目標や抽象的な目標は達成するのに時間がかかるか、あるいは達成して終わりというゴールがないのでモチベーションは長続きする。たとえば「プロ野球選手になって、将来はイチローやダルビッシュのように大リーグで活躍したい」とか、「医者になって難病の人をたくさん救いたい」「生徒に後々まで尊敬される教師になる」といった夢や目標なら、モチベーションも長期的に維持することができる。

だからこそ、子どもには大きな夢や目標をもたせることが大切なのだ。

では、どのようにして夢や目標をもたせるか？

ある学習塾では、子どもたちの夢を優先する教育スタイルを取り入れていて、一〇年後の自分が語れるように作文を書かせたり、合宿を行ったりしている。夢を見つけるための合宿では、一人ひとりに将来どんな大人になりたいか、どんな人生を送りたいかを真剣に考えさせ、みんなの前で発表させることにしている。そして夢が見つかったら、そこから逆算して今何をすべきか理解させる。

自分の夢が見つかり、一〇年後の自分を語れるようになったら自ら本を読みはじめたり、習い事をしたいと言い出したりして勉強に意欲を見せるようになるという（高岸実）。合宿前と合宿後とは、子どもの表情まで変わるというから驚かされる。

†日々の活動を長期的な目標と関連づける

子どもがあこがれる人や、偉大な人物に接する機会を与えるのも一つの方法だ。

ある学生は、大学生活をどう過ごせばよいか悩んでいたとき父親が知人の冒険家に会わせ、「お前も早く夢を見つけろ」と言ってくれたことが伸びるきっかけになったと振り返る（第1章で紹介）。また田舎の少年野球チームに入っていたとき、ゲストに招かれたプロ野球選手が自分のプレーをほめてくれ、それがきっかけで自信をつけた彼は、やがて自分もプロ野球選手になったという逸話もある。

後者のケースからもわかるように、承認は夢や目標とも深くかかわっている。おそらく彼はあこがれのプロ野球選手からほめられたことによって、自分も努力すればプロになれると信じられるようになったのだろう。

歌がうまいとほめられたら、自分は歌がうまいと気がつく。そして将来は歌手になりたいと真剣に考えるかもしれない。作文が上手だとほめられた子のなかには、作家になりたいという夢をもつ子も出てくるだろう。それまでは手が届かないとあきらめていたことや視野にも入らなかったことが、認められて自信がつけば手が届く現実的な夢や目標になる場合もある。そして手が届きそうになれば、いっそう魅力的になるものだ。

逆に最初はあこがれ、夢をもっていても、自分には絶対手が届かないと思えばあきらめる。それればかりか、あえて嫌いになろうとする。それは、夢を手に入れたいという願望と、がんばっても夢が手に入らないという現実との間に葛藤（L・フェスティンガーは「認知的不協和」と呼ぶ）があると不快なので、それを解消するため、魅力がないと思い込もうとするためである。つい先ほどまであこがれていたものが急に大嫌いになったり、その話に触れるのも嫌がったりしていたら、たいていは実現の見込みがないと感じたためである。

要するに、大きな夢、魅力的な目標をもたせるためにも、ほめて自信をつけさせることが大切なわけである。

ただ、いくら長期的な夢や目標が大切だといっても、現実にやる気を持続させるとなるとそれだけでは難しい。短期的な達成感や満足があってこそ日々の意欲がかき立てられるし、自分の進んでいる方向が正しいと確信できる。大人だって理想や志だけでは意欲が続かないのだから、未熟な子どもの場合はなおさらだ。

そこで、長期的な夢や目標から短期的な目標を設定させるとともに、**日々の生活や活動を長期的な夢や目標と関連づけて理解させる**ことも必要になってくる。

かりにプロ野球選手になるのが夢なら、どの学校に進めばよいか、今のうちにどんなトレーニングを積んでおくべきかが自ずとわかるし、学校や家庭での共同生活もチームワークや基礎的な生活習慣を身につけるうえで大切だということが理解できる。そして難しい問題が解けた、成績が上がった、筋力がついた、試合に勝ったという小目標を達成するたびに満足感を味わい、自信をつけていくのである。

当然、その過程では失敗して自信を失ったり、不安に陥ったりすることがある。そこにもまた親や教師の出番がある。あとで紹介する体験談にも出てくるように、高校や大学の受験では、親や学校・塾の教師が自分の能力を認め、励ましてくれたので、より上位の学校を目指そうときめ、猛勉強して合格を手に入れたというケースがたくさんある。

3　ほめて失敗しないために

こんなほめ方が、子どもを押しつぶす

いきなり個人的な体験談を語ることをお許しいただきたい。

私の通った小学校はわが家の屋敷と地続きの隣にあり、私にとって学校も自宅の延長のような感覚だった。二年生か三年生のころだったと思う。親に勧められたからかどうか覚えていないが、夏休みにたまたま学校で花壇に水やりをしていた。すると、それを目にした男の先生が感心し、ほめてくれた。そのころの私は学校でも家でもめったにほめられたことがなかったので、ほめてもらったことがとてもうれしく、それ

から喜んで水やりに行くようになった。そのたびに先生は笑顔でほめてくれた。そして、その話は用務員のおばさんを通じて家族にまで伝わった（住み込みの用務員さんとは近所づきあいをしていて、彼女はいつもわが家の風呂を借りにきていた）。おかげで、しばらく私は家のなかでも鼻が高かった。

ところが日がたつにつれ、私は本来の横着者に戻り、だんだんと水やりに行くのがおっくうになってきた。それでも先生の笑顔が頭に浮かび、サボることはできない。そう思うとおっくうを通り越して苦痛にさえ感じるようになった。そのことを今でも鮮明に記憶している。

学年が上がるとともに私はいっそう不真面目になり、いたずらをしたりサボったりして叱られることが多くなったが、先生に叱られるほうがほめられるよりはるかに気が楽だと感じたものだ。

今思い出すと、これは典型的な「アンダーマイニング効果」（前述）である。デシによれば、内発的に動機づけられているときに報酬が与えられ、それによって統制されていると感じた場合には内発的モチベーション、すなわち活動そのものによる動機

づけは低下する。私も「笑顔でほめられる」という報酬をもらい続けるうちに、水やりを続けなければならないという義務感、被統制感を覚えるようになったのである。考えてみれば、水やりをするのを毎日ほめてくれるということは、毎日水やりをするように命じられているのと同じことである。

†「事実に基づいてほめる」ことが基本

これは子育てにおいても陥りやすい失敗である。子どもががんばって勉強していると、親はつい褒美をやりたくなる。さらに「これからも勉強したらお小遣いをあげるよ」とか、「もっと勉強したら○○を買ってあげるからね」などと言ってしまう。すると子どもは調子に乗って勉強するが、やがてほめてもらうため、褒美をもらうために勉強するようになる。

それが勉強そのものへの関心や集中力を奪い、やがてストレスへと変わっていくのだ。

思春期になると、統制されたり期待に押しつぶされたりしないための防御反応として、ほめられないようにわざとワルぶったり、ほめられたら逆に反抗的態度をとったりする。

親と子、教師と生徒の関係は上下関係が中心になるので、親や教師にはそのつもりがなくても子や生徒には「統制されている」という感覚を与えてしまいがちだ。したがって、できるだけそのような感覚を与えず、自己効力感を高めるようなほめ方をすることが大切である。とくに感情を込めてほめたり、抽象的にほめたりすると、ほめられた側は真意がつかめないので「期待を裏切ることはできない」と過大に受け止めてしまうことがある。それを防ぐには具体的、客観的事実に基づいてほめることが基本である。先に、「承認の役割は鏡と一緒だ」と述べたことを思い出してほしい。鏡は事実しか映さない。

その意味からすると、ここにあげた水やりや勉強のケースでは、本人が自発的にやっているのだから教師や親はほめるのを少し控えたほうがよかっただろう。最初は大げさにほめても、後は「ごくろうさん」の一言か、アイコンタクトを送る程度でよいのである。

ちなみに塾のベテラン教師は、生徒がやる気に欠けるときや自信をもてないでいるときには積極的にほめるが、順調に勉強が進んでいるときはOKサインを送るだけにしているそうである。**好調なときや自信をもっているときには認める、不調なときや自信を失っているときにはほめる、というのを原則にしたい。**

†「ベタほめ」が子どもを自信喪失させることもある

ほめすぎて失敗するケースはほかにもある。

幼い子が精一杯がんばっている姿を見ると、親は手放しでほめたくなるものだ。

「お前はかけっこならだれにも負けないね」とか、「歌手になれるかもしれないよ」などと言ってしまう。当然ながら子どもは気をよくし、それを信じ込む。

ところが幼稚園や学校に行くと、もっと足の速い子、歌のうまい子がたくさんいる。みんなで走ったら自分はビリだったとか、先生が別の子の歌をほめて自分の歌はほめてくれなかった、というような経験をすると、すっかり自信喪失してしまう。それからは親がいくらほめてもあまり喜ばなくなる。それどころか、逆にかけっこや歌が大嫌いになったりする。

とくに一人っ子や一番上の子の場合、比較する相手や否定する者がいないので、**ほめすぎるとこのように内弁慶になりやすい。やはり正しい自己効力感を与えるには、客観的な目でほめることが基本**である。

しかし、誇張してほめることがすべて悪いというわけではない。幼い子どもの場合、客観的な情報を得たからといって、それを十分に活かせるわけではない。むしろ大げさなほめ言葉やお世辞に乗せられて潜在能力が開花したというケースはよくある。したがって誇張や感情の交じったほめ言葉がときには有効である。

大事なのは、親自身が子どもをほめちぎって調子に乗せながらも、他方で客観的な目をもち続けられるかどうかだろう。客観的な目をもつことができ、ある意味で達観した態度がとれるなら、子どもが現実に直面してショックを受けたときにも冷静にフォローできるはずだ。そして子どもとの信頼関係も保てるに違いない。かけっこで負けた息子が落胆して帰ってきたら、「今は勝てなくても、毎日練習していたらそのうちだれにも負けないようになるよ」と励ましてやればよいのだ。

†子どもの成長に応じてほめ方を変える

もう一つ大事なのは、同じほめ方がいつも、だれに対しても通用するわけではないということである。

架空の例をあげてみよう。中学生の娘の父親Aさんは、単身赴任で月に一度だけ自宅に帰ってくる。久しぶりに自宅でくつろいでいると、娘の弾くピアノの音が聞こえてくる。前回帰ったときには「エリーゼのために」（ベートーヴェン）が弾けず、ベソをかいていた娘の姿を思い出し、「上手に弾けるようになったじゃないか」とほめた。

すると娘は喜ぶどころかシラけた顔をしている。彼女は「エリーゼのために」どころかより高度な「ハンガリー舞曲第五番」(ブラームス)も楽に弾けるようになり、今はもっと難しい「別れの曲」(ショパン)に挑戦しているという。「エリーゼのために」は、ただ指ならしのために弾いていただけなのである。

子どもの成長は驚くほど早い。一カ月もたてば精神的にも行動の面でもかなり変化していて、一カ月前のその子ではない。だから親子の間に微妙なズレが生じるのである。**そのようなズレに気づかず、安易にほめようものなら、かえって親子の間の溝を深める**ことになりかねない。

すでに述べたように、ほめるのが効果をあげるのは相手の自己効力感を高める場合である。右の例だと、今挑戦している「別れの曲」が弾けたときにほめてやってこそ効果がある。もちろん、そのためには娘の成長を親がふだんから正確に把握していて、今後の可能性について娘以上に正しく見通す力を備えていなければならない。

このように子どもを効果的にほめるには、子どもの成長に合わせてほめどころを変える必要があり、そのためには子どもの自己効力感や自尊心が今どのレベルにあるかをしっかりと把握しておかなければならない。スポーツのトレーナーが選手の潜在能力を正確にとらえ、最適な負荷をかけてやるのと同じである。

年齢にふさわしい「ほめどころ」

もちろん、大まかにいうなら子どもは年齢とともに成長する。したがって、年齢に応じたほめどころの目安がある。

子どもが小さいときは、態度や行動をほめればよい。幼児ならご飯をこぼさずに食べた、後かたづけができた、大きな声で歌が歌えた、小学生なら責任をもって飼い犬の世話をしている、宿題を忘れずに済ませた、近所の人にきちんと挨拶ができるといったことをほめるだけで認められていると実感できる。

また、最初のうちは言葉でほめるだけでなく、毎日勉強を続けたらゲームを買ってやるとか、手伝いをしたら小遣いを上げてやるというように褒美を与えてもかまわない。やる気を引き出し、行動に移すきっかけづくりには、褒美も役立つ。現に大学生のアンケートでも、小学生のころに親から褒美をもらったのがきっかけで勉強をがんばるようになり、成績が上がるとだんだん自信もつき、いっそうやる気が湧いたと述べている者が少なくない。

しかし、いつまでもそれを続けていると褒美のためにがんばるようになってしまい、逆効果だ。そのうちに役割を自覚させるとか、将来の夢や目標のために努力するように切り替えていくべきである。幸いにも人間には達成欲求や成長欲求、そして自己効力感を得たいという本能のようなものがあるので、いずれは褒美を与え続けなくても自分からがんばるようになるものだ。

そして中学生くらいになると、ここにあげたレベルのことはできて当たり前なので、うっかりほめたら逆に相手のプライドを傷つけてしまうこともある。そこで、こんどは態度や行動の代わりに**実績や潜在能力をほめる**ようにする。がんばって成績が上がったとき、スポーツ大会や演奏会で入賞したとき、困っている人を助けたときなどがほめるチャンスである。

また、「これだけ成績が上がったのだから、この調子で努力を続けたらどこの学校にでも入れるぞ」というように可能性を示してやるのもよい。芽生えてきた自我がしっかりとそれを受け止めるはずだ。

要するに、成長とともに態度や行動といった人格の外の部分から、実績や能力、さらには人間そのものといった人格の中枢に近い部分に働きかけるようなほめ方が必要になってくるわけである。

それにともなって、ほめるタイミングや回数も前述したとおり「動物レベル」から人間特有の高次な認知構造を踏まえたものへと移していくことが必要だ。すなわち、最初は行動や成果のあと直ちに、しかも毎回必ずほめるべきだが、徐々に間を空けてから、そしてほめる回数をだんだんと減らしていくことが望ましい。

†高校生になったら「自分の人生だ」と自覚させる

さらに高校生くらいになると自我が発達して精神的に自立し、「親離れ」しようとする意識も表れる。

そうなると親が感情をあらわにしてほめたり、「あなたは大事な子なのだから」とか「期待しているから」というような言葉をかけたりすると、子どもはうっとうしくなり、かえって反抗的な態度をとることがある。少子化で一人の子に対する親の干渉が大きくなると、子どもはいっそう自律（自立）の危機を感じるようになる。「自分の人生なのだから放っておいて！」と叫びたいのである。

大学生のアンケートのなかには、それを裏返しにしたような体験談が数多く述べられている。「やる気が出た」あるいは「伸びるきっかけになった」エピソードのなかからいくつかを紹介しよう。

・親から「自分の人生だから自分できめなさい。何も言わないから」と言われた。それから自覚が生まれ、何も言われなくても努力するようになった（男子）。

・大学受験のとき親に「自分が好きなようにしなさい。精一杯応援するから」と言葉をかけられ、一歩踏み出す勇気と覚悟をもらった（女子）。

・大学受験のとき、両親に「自分の好きな大学でやりたいことをやりなさい」と言われて、こんな自由にやりたいことをやらせてもらえるのだから両親の自慢の娘になれるようがんばろうとモチベーションが上がり、成績が伸びるきっかけになった（女子）。

このほかにも「自分の好きなようにやりなさい」と言われてやる気が出た、伸びるきっかけになったと述べている学生は驚くほど多い。それほどこの時期の子どもにとって、自由にさせてくれることが大切なのだ。

それにしても親のためではなく自分のための人生を歩むことにこだわる彼らが、最後に紹介した女子のように自由にされたら親の期待に応えようとするのは興味深い。多くの子どもが抱く親への反発や抵抗感は、親の期待を重く受け止めていることの裏返しかもしれない。

いずれにしても、ここに表れた「自分の人生だから……」という意識は、心理学でいう「**所有感**」と関係する。所有感とは、文字どおり「自分のもの」という意識である。言い替えれば**当事者意識**だ。

所有感をもつのともたないのとでは、モチベーションがまったく違ってくる。

たとえば友だちとカラオケに行ってマイクを握りしめている子は、音楽の時間に歌わされているのと同じことをしているとは思っていないだろう。マラソンが趣味という人のなかには、学校時代は走らされることが大嫌いだったという人もいる。

逆に自発的に手伝いをしたり趣味で絵を描いたりしているときに、親からあれこれ口を出されたらいやになってしまう。それは所有感が奪われていくからである。「それならお母さんが自分で描いたら」と言いたくなる。

同じ勉強でも、親や教師から押しつけられてしているときと、自分からやってやろうと思ってしているときでは意欲も身につき方もまったく違うはずだ。「自分のもの」「自分のため」「自分の役割」と感じたとき、**ほんとうのモチベーションが湧き、伸びる原動力になる**のである。

したがって承認も、子どもに所有感を与えるように、少なくとも所有感を奪わないようにしなければならない。

高校生くらいになると頻繁にほめるより、進路の決定時期や試験の前といった節目の時期、あるいは特別なことがあったとき、精神的に落ち込んでいるときなどにほめたり励ましたりすればよい。また上から目線でほめるより、一歩距離を置いて「認める」という感覚のほうがよい。

†慢心させず、さらなる意欲をかき立てるには

幼稚園児から高校生にいたるまでの子をもつ親からよく聞かされる言葉がある。「ほめたら図に乗る」「慢心する」というのだ（前節の例でいうなら、高校生A君のようなタイプである）。大人の世界でも同じで、サラリーマンや研究者のなかには一方にはほめたらいっそうやる気を出す人がいて、他方には慢心してしまう人がいる。後者は能力があっても頭打ちになるが、前者は伸び続ける。

それは図表10で示した「報酬」の価値が持続もしくは上昇するか、低下するかの違いである。だれでも、ここがゴールだと思えば到達したときに満足して力を抜く。ところが、さらに先があると思えばほめられても力を抜かないし、もっと魅力的な目標が視界に入ったらいっそうやる気を出す。

人生は登山や航海、旅によくたとえられる。しかも死ぬまで終わりがないので、生きている限り常に道半ばである。したがって、ほめるときもそこがゴールではなく、道程であると意識させながらほめることが大事である。

自ら伸び続けるためには、大きな夢や目標をもたせることが大切だと先に述べた。しかし、日常生活に流されているうちに夢や目標を忘れてしまう子も多い。そこで、「ここまで達成できたのだから、次は◯◯すればよい」とか、「これだけ実力がついたのだから、もっと大きな目標にチャレンジできる」というように**夢を具体化したり、より大きな夢をもたせたりしてやれば、いっそうやる気を出す**。

過去をふり返り、「伸びるきっかけになった」という学生の声にも次のような話がある。

・小学六年の時にはじめて塾に行き、最初のテストでそこそこの点数をとったとき、「もう少しがんばれば上のクラスに行けるよ」と言われた（男子）。

・高校生のときに担任の先生から「あなたは言われたことはすべてきちんとするけれど、それだけではなくてプラスアルファのことを考えてすれば、もっと成長できる」と言われた。当時はショックだったが、今でもときどきこの言葉を思い出して励みにしている（女子）。

・アルバイト先で店長からかけられた、「コアの強いその思いを形にして発揮することで、あなたはもっと成長できる」との一言（女子）。

このように達成してほめられ、さらに大きな夢や目標が見えてくると、いっそうモチベーションが上がり、成長の原動力になるものだ。

ただ、気をつけなければならない点が一つある。それは、**目標が「ノルマ」化してはいけない**ということだ。会社では、苦労して目標を達成したらノルマが引き上げられ、自分の首を絞める結果になったというケースがよくある。

子どもの世界でも同じで、勉強にしてもスポーツにしても、あるいは手伝いなどの生活面でも、単に目標が引き上げられただけだと感じたら、以後は努力をしなくなる。そう感じさせないためには、大切なことが二つある。

一つは、**達成したことの満足感を十分に味わわせてやる**ことである。褒美を与えてもよいし、家族でお祝いをしてやるのもよい。感激した思い出が、将来の大きな励みになることもある。

そしてもう一つは、**大きくなった次の目標が、本人にとってほんとうに魅力的であること**である。走り高跳びを例にとるなら、一六〇センチを跳べたら「よし、これで地区大会に優勝できるかもしれない。」とほめてやり、次に一六五センチにバーをあげて練習させるときには「これが跳べたら県大会の入賞ラインだ。みんながびっくりするぞ。」などと新たな目標を示してやれば、モチベーションは間違いなくアップするだろう。

なお、「道程で承認する」というのは、叱るときにも当てはまる。

「○○がよくない」「○○をするな」と否定するだけだと、子どもはどうすればよいかがわからない。なぜよくないのか、なぜしてはだめなのかを理解させ、そのうえでどうすればよいかという方向付けをする、そして正しい方向へ進むように励ましてやることが必要だ。

†「叱るほめ方」もある

そこで、こんどは叱り方についても触れておこう。

当たり前かもしれないが、親や教師から叱られてやる気をなくしたという例はとても多い。また中学生、高校生の声を拾ってみよう。

・怒られて、せっかくしようとしていたことがどうでもよくなった（女子中学生）。

・今やろうとしていること、またはやっていることを先生にしつこく「早くやれ」と言われたとき（女子中学生）。

・先生がキレてしまったとき（女子高校生）。

いずれも、「どんなときにやる気がなくなったか？」という質問に対する回答である。

一般には、叱られると自分の考え方や行動が否定されたわけだから、自己効力感が低下するし、人間関係も悪くなる。したがってモチベーションにはマイナスだ。とくに多感な子どもの心は、親や教師の不用意な一言によって大きく傷つけられる。

ところが意外にも、叱られたことによって逆に「やる気が出た」「伸びるきっかけになった」という声も少なくない。とくに**高校生くらいになると、叱られ方によってはむしろほめられるよりもモチベーションを高める場合がある**ようだ。

・（高校生のころ）先生がテストを返却するとき、「**〇〇（名前）はこんなもんか。もっとできると思ったんやけどなあ**」と言われ、悔しくて発狂しそうになった。それから死にものぐるいで勉強するようになり、点数が劇的に伸びた（女子大学生）。

・それまで成績優秀だったが、天狗になっていたら中学三年になって成績が落ちはじめ、生活態度も身なりも乱れてきた。そんなとき三者面談でふだん穏やかな担任の先生から、「お前はほかのやつとは違うんやぞ、人と同じにしてたらあかんのやぞ」と言われた。その言葉によって自分が認められているとわかっただけでなく責任の重さを感じた。その後、懸命に勉強し、第一志望の学校に合格できた（男子大学生）。

これらのケースは、「叱る」という形はとっているものの、実質的には相手の潜在能力を認めているわけである。学校教育の場では他の生徒と平等に扱わなければならないため難しい面もあるが、子どもにとっては特別扱いされたということでプライドがくすぐられ、やる気に火をつけることがある。

一般に人前で叱ることはプライドを傷つけるためタブーとされるが、団体競技でチームのエースが「お前ほどの者が……」とみんなの前で叱られたら、前向きに受け止めるだろう。

†叱って伸びる子、やる気をなくす子

　このようにプライドをくすぐるような叱り方をしようとすれば、背後に信頼関係がなければならない。叱るには信頼関係が不可欠だといわれるのはそのためである。

　しかし、信頼関係がなければ叱っても無意味だ、逆効果だとはいいきれない。叱られて発憤したり、悔しさをバネにしたりすることでやる気を出す場合もあるからだ。実際、第1章で紹介した大学生のアンケートで述べられているように、叱られてプライドを傷つけられたが、見返してやろうという気持ちになり、伸びるきっかけになったというケースは少なくない。親や塾の教師に突き放されたり見放されたりしたことで「何くそ」という気持ちになり、それが成績アップのきっかけになったという例もある。

　このように叱られたことをバネにしてがんばり、成績も伸びたという話がたくさんある一方で、同じように叱られてもそれで自信を喪失し、いっそうやる気をなくしてしまうケースも少なくないはずだ。

叱られて発憤するか、やる気を失うか、いわば分水嶺のような役割を果たしているものがある。それは俗に「負けん気」と呼ばれるものだ。負けん気が強い子は信頼関係の有る無しにかかわらず、叱られたらむしろ発憤してがんばる。しかし、負けん気が弱い子は叱られたらやる気をなくしてしまう。

その負けん気を背後で支えているものが自己効力感である。単純に言えば、「見返してみせる」という自信があればがんばるし、その自信がなければあきらめるしかない。つまり、負けん気が強いか弱いかは単なる性格の違いというより、目の前の物事に対してどれだけ自信をもって立ち向かえるかという問題なのである。

したがって**叱る場合には、相手の自己効力感がどのレベルにあるかを正しくつかんでおかなければならない**。そのためにも、ふだんから子どもをよく理解しておくことが大切である。

ほめることと叱ることとは一見、対立関係にあるかのようだが、広くとらえるならどちらも承認の一種である。たとえていうと寒暖計のプラスとマイナスのようなものであり、正しいフィードバックを送るには両方が必要だ。そして、ほめ方も叱り方もポイントは同じであり、いずれの場合にも相手の自己効力感を正確にとらえ、それにどのような影響を与えるかを考えてこそ効果的な承認が行える。

†叱り方のポイント

最後に、叱ることについていくつかの実践的なアドバイスをしておこう。

叱ることも広い意味では承認の一種だとはいうものの、叱られるとたとえ一時的にせよ心が傷つく。とくに最近の子は昔と違って叱られた経験が乏しい。家庭では親が子を傷つけないよう真綿でくるむようにして育てるし、けんかをする兄や姉もいない。いたずらをして近所のおじさん、おばさんに叱られた経験もない。学校でも、生徒を厳しく叱ると親が飛んでくるので教師はなかなか叱れない。とにかく今の子は叱られた経験が極端に少ないのだ。

ところが、いつまでも叱られずにはすまない。叱られた経験のないまま社会に出て、会社でちょっと叱られたり注意されたりするとひどく傷つき、落ち込んでしまう若者が増えている。たった一度叱られただけで上司との人間関係が破綻したり、欠勤や離職にまで発展したりするケースが多いといわれる。

そうした若者像の例外が、大学の体育会系クラブ出身者である。体育会系クラブには今なお理不尽ともいえる上下関係が残っていて、下級生は上級生に叱られたり怒鳴られたりしながら鍛えられていく。企業のなかには体育会系クラブ出身者を好んで採用するところが少なくないが、それは純粋培養で極度に打たれ弱くなった若者が多い現実を反映しているといえよう。もとより理不尽な上下関係やパワハラまがいの行為を是認するわけにはいかないが、実社会では叱られることがあり、それがある程度は必要でもある以上、**叱られることへの耐性が低い若者**の増殖はやはり問題である。

このように打たれ弱い大人になるのを防ぐには、**子どものころから適度に叱って免疫をつけておく**必要がある。そうすれば少々叱られても冷静に受け止められ、自信を喪失することはない。だからといって無理に叱る必要はない。ほめるべきときにはほめ、叱るべきときに叱ればよいのである。

とはいえ、叱るよりほめることに重点を置くべきなのはいうまでもない。では、ほめるのと叱るのとの比率はどれくらいが適当なのか？

実証的な根拠はないが、世界的に有名な某アメリカ企業で聞いたところによると、経験的にはほめるのを五、叱るのを一くらいの比率にするのが望ましく、社内ではそのように指導しているそうである。日本企業のマネジャーに聞いても、おおむねそれくらいの比率が望ましいだろうという。子どもにもそのまま当てはまるかどうかわからないが、一つの目安にはなりそうだ。

それから、ほめるのと叱るのとの順番はどちらがよいかもよく聞かれる。

先に叱ると相手は心を閉ざしてしまい、あとでほめても慰めにしかとられない。一方、先にほめたら相手の心に余裕ができるので、あとで多少厳しいことを言っても素直に受け止める。したがって、叱る場合にはできれば最初にほめておいてから叱るとよい。

そしてもう一つのポイントは、**あまり感情を込めず、簡潔かつ具体的に叱る**ことである。そうすれば叱る言葉に込められたメッセージは正確に伝わるし、感情的なしこりを残さなくてもすむ。相手が子どもであっても、「○○は△△だからよくないので、止めなさい」と簡潔に伝えればよい。

第3章 こんなときには、こうほめよう（応用編）

1　ほめにくい子のほめ方

†ほめるところが見あたらない子には

ほめることにはどんな効果があるか、そしてほめるときのポイントは何かについては理解していただいたと思う。しかし、理屈ではわかっていても実際にほめるのはなかなか難しい。そこで、この章ではどんな場合に、どうほめたらよいかを説明しよう。

いちばんの問題は、ほめる必要のある子に限ってほめにくいということだ。とくに親からは、「どこをほめてよいかわからない」という声をよく耳にする。

正直なところこれといった取り柄がなく、やる気もないので、どこをほめてよいかわからない子はたくさんいる。

そのような子をほめるときのポイントがいくつかある。

短所は長所の裏返しなので、短所も個性だと思ってほめればよいという人もいるが、現実には価値のない短所のほうが多いので、それは責任ある発言だとは思えない。

それよりも、まず虫眼鏡で覗くようなつもりでほめどころを見つけることである。ハードルを下げ、細かいところに目をこらせば、ほめどころは必ず見つかる。また、他人と比較せず、その子なりに成長したところに注目すればよい。

このような子は、親や教師にとってもほめがいがあるものだ。なぜなら、**成功体験や認められた経験が乏しく自信がもてない子にとって、ちょっとしたことをほめられても、それが自信につながる**からである。

妹が足をすりむいたときに手当をしてやり、母親からほめられたこと。父親の投げたボールをグローブで何度も受け止め、キャッチボールが上手になったとほめられたこと。徒競走でいつも最下位の子が三位になったとき、工作を一生懸命つくったときに先生からほめてもらったこと。これらはいくつになっても覚えているものだ。

子どもの成長の早さには一人ひとり差がある。とくに晩生《おくて》の子の場合、ほめた側が覚えていないほど些細なことでも、それがきっかけで一気に伸びたというケースは少なくない。その時点で他人と比べてどれくらい優れているかどうかは、子どもにとってそれほど大事なことではないのである。

†「例外」をほめる

二つ目は、例外をほめること。

ベテランの教師がよく実践している方法である。いつも給食当番をサボっている子が、何か楽しいことがあったのか、当番の組み合わせがよかったからか、珍しくほかの子と一緒に給仕をしていた。そこで教師はほかの子と一緒になって、その子をほめてやった。するとその子は満面に笑みを浮かべながら楽しそうに給食を食べ、それ以来、生活態度が目に見えて改善されたそうである。

また高等学校のあるクラスでは、いつも誰かが課題の提出を怠り、提出期限が守られたことがなかった。ところが、あるとき奇跡的に全員が期限どおり提出した。それには教師も感動し、感情を表に出して大げさにほめた。するとクラス全体が感動の空気に包まれ、それ以来、クラスの雰囲気もよくなって、以前に比べ規律がとれてきたという。

　このように、**ほめるチャンスは一瞬である。**そこをとらえればよい。大人と違って子どもの行動はまだ規則的になっていないので、注意していると「例外」はしばしば見つけられるものだ。

「例外」に注目することは、可能性を発見することでもある。天才と呼ばれる人のなかには、子ども時代は劣等生だったという人が少なくない。しかし、絵を描くこと、曲をつくること、空想することなど一つだけ得意だったり、没頭できたりするものがあった。だからといって、そのころから特別な才能や大器の片鱗が表れていたとは限らない。けれども幸運にもその芽を見つけ、伸ばしてくれる人と環境があったから大成したのである。

　つまり、小さな芽を発見して伸ばしてやれば、もしかすると将来の成功につながるかもしれないのである。少なくとも、小さな芽を伸ばすことを足がかりに苦手を克服し、全体の底上げにつながるケースは多い。

†「勘違い」をさせるとよい場合も

そしてもう一つのポイントは、よい意味での「勘違い」をさせることである。ふつう、勘違いはよくないとされる。また本書では、正しい自信をつけるには具体的事実や客観的情報に基づいてほめることが大切だと述べている。しかし例外もある。客観的に見て、あるいはほかの子と比べて長所がなかなか見あたらない子は、逆に誤った情報でも与えて勘違いさせたほうがよい場合がある。

勘違いが生徒を伸ばしたエピソードを紹介しよう。

スポーツ関係者から聞いた話だが、学生時代に団体競技の選手だったAさんは、協会の特別強化選手に選ばれた。すると、それまでとても練習熱心とはいえなかった彼が、別人のように練習に励むようになり、メキメキと上達して、押しも押されもしない一流選手に成長した。ところが、本来特別強化選手に選ばれるのはまったく別人のBさんで、協会のミスでAさんを選出していたことがあとになってわかった。しかし、それが判明したとき、Aさんの実力はBさんをはるかにしのぐまでに上達していたという。

こんな話もある。Cさんは高校時代、勉強の成績は並みの生徒だった。ところがあるとき、大学入試の模擬試験で全国の上位にランクされる点数をとった。本人はもちろん、教師や同級生もびっくりし、彼は一躍注目を集める生徒になった。するとCさんは気をよくしてがぜん猛勉強するようになり、みごと難関大学に合格した。これも実はコンピュータの入力ミスで誤って上位にランクされていたらしい。

これらはけっしてまれな例ではなく、むしろよくあることだ。伸びると期待された子は、そうでない子に比べて実際に伸びるケースが多く、ギリシャ神話から名をとって「**ピグマリオン効果**」と呼ばれている。

人間の可能性は無限だというのはけっして建前論やきれいごとではなく、実際にどれだけ伸びるかはだれにもわからない。しかも大人と違って子どもは、かりに客観的で正確なフィードバックを受けたからといって、それにもとづいて合理的な行動ができるとは限らない。

とくにほめどころの見つからない子や、自信をもてない子には、よい意味での勘違いをさせて根拠のない自信をもたせることも、伸びるきっかけをつくるのに有効だといえよう。

一方には、逆に客観的に見たら優秀で非の打ち所がないのに、本人は自分の良さがわからず劣等感を抱いている子もいる。とくに中学生くらいの年齢では、そのような子が少なくない。クラスのなかで、あるいは兄弟のなかで、この子は優秀なのでほめる必要がないと思ってほかの子ばかりほめていたら、よくできるはずの子が自信喪失に陥っていたというケースもある。やはり、できる子に対しても、そうでない子に対しても、それなりのほめ方をしなければいけないということだ。

できる子は、成績や実力が優れていることをありのままほめる（認める）。そうでない子は優れた部分を探し、多少誇張を交えてでもほめる。それが基本である。

†欠点を直させるにも、ほめるのが近道

だれにも長所があれば短所もある。短所は長所の裏返しということもよくある。しかし、親はわが子の短所のほうに目がいきがちであり、長所を伸ばすことより短所や

欠点を直すことに力を入れる。とくに個性を伸ばすことより調和を重んじ、恥をかくことを極端に恐れるわが国ではその傾向が強い。しかし、それが逆効果となるケースが少なくない。

大人の世界の話だが、覆面調査会社C's（シーズ）の社長で「一般社団法人 日本ほめる達人協会」代表理事の西村貴好さんが次のような興味深い話を聞かせてくれた。

覆面調査会社というのは依頼主の会社から依頼を受け、客を装って従業員の仕事ぶりをチェックし、その結果を依頼主に報告するのが普通だ。この会社も以前はこのような方法で従業員の仕事に問題点を見つけては依頼主に報告していた。しかし、いくら問題点を指摘してもなかなか改善されない。それどころか、問題点を指摘された従業員は萎縮してしまい、かえって逆効果になることが多かったという。

そこで西村さんは会社の方針を一八〇度転換し、従業員の良いところを見つけてほめるようにした。問題点があれば、「〇〇を改善すればもっとよくなる」と付け加える。

こんな場面がテレビで放映されていた。

食堂のオーナーから依頼された覆面調査員が、客のふりをして食堂に入り、店員がもってきたメニューを見ながらどんな料理かと店員に尋ねる。料理の中身を詳しく知らなかった店員は、客（調査員）にちょっと断ってから厨房へ聞きに行く。そして、中身を理解したうえで客に説明した。

以前だったら、「店員の知識が不足している」とマイナスの評価をしたが、今は「知らないことをいいかげんに答えるのではなく、しっかりと調べてから答える姿勢がよい」とプラスの評価をする。

このように、ほめるほうに重点を移したところ、不思議なことにそれまでいくら指摘しても直らなかった問題点が自然に直っていたそうである。**欠点を直すにも、そこを厳しく指摘するより長所をほめるほうが効果的**だというわけである。

教育学者や精神療法の専門家も指摘しているように、欠点や問題点に注目するとそこに関心が集中しすぎ、かえって深刻化させることがある。逆に長所や良いところに注目するとますます良くなる。そして自信がつけば、欠点や改善点を指摘されてもそれを受け入れる精神的な余裕が備わってくる。

欠点を直させるにも、良いところをほめることから入ったほうがかえって近道だというわけである。

†みんなを主役にさせるための工夫

学校でも家庭でも「できる」子や、良い意味で注目される子は何度もほめられるが、そうでない子はなかなかほめてもらえない。人数が多くなるほど、どうしてみんなをほめてやるかに気をつかうものだ。

先に紹介した熊本市立池上小学校の「ほめ言葉のシャワー」や、千登世橋中学校の「週間MVP」などは、クラスの一人ひとりに主役になるチャンスを与え、みんなでほめるという優れた実践である。

さらに、一人ひとりが自分の強みをつくり、周囲から認められて自己効力感や自己有用感を高めるために有効な方法がある。社会学者のE・アロンソンらが開発した**「ジグソー学習」**という学習法である。

その概要を説明しよう。

生徒たちはまず五、六人単位のグループに分けられ、グループのメンバーにはそれぞれ異なる課題が与えられる。次に同じ課題を与えられた者同士が集まって新しいグループをつくり、共通のテーマについて学習する。学習を終えると元のチームに戻り、学んだことを互いに教え合う。

たとえば、クラスで「自分たちの街をいかに暮らしやすくするか」をテーマにして、グループごとに研究するとしよう。暮らしやすい街をつくるには、交通、清掃、観光、福祉、教育などの知識がいる。そこでグループの一人ひとりがどの問題を担当するかをきめ、それぞれの問題を教えてくれる先生の所へ学びに行く。そこで学んだら、元のグループに戻って学んできた知識をほかのメンバーに教えながら、一緒に街づくりについて話し合うのである。

一人ひとりが学んだ内容はグループにとって必要な専門知識なので、一人ひとりが他のメンバーに教えることによって周りから承認され、グループに貢献していると実感できる。

ちなみに企業や役所のような組織でも、出世コースから外れた人たちのやる気をいかに引き出すかが課題になっているが、自分の得意なことで組織や周りの人に貢献してもらい、「必要とされている」と感じさせたところ、モチベーションを復活させるのに成功したという例がある。

家庭でも、力仕事なら長男、コンピュータ関係のことなら次男、音楽や芸術は長女というようにそれぞれの得意分野で役割を任せたり、教えてもらったりする習慣をつくっておくとよいだろう。

得意な分野で貢献すると、純粋な自己効力感、自己有用感が得られるだけでなく、周囲に対し肩身の狭い思いや引け目を感じなくてすむ。その満足感、充実感こそが、社会的動物である人間をベースの部分で支えているといってもよい。それは「恥」の文化をもつ日本人にとってとくに重要な感覚である。

学校でも家庭でも、すべての子に肩身の狭い思いをさせないという趣旨からも、貢献させる機会を与え、承認するようにしたい。

†子どもが落ち込んでいるとき

皮肉なもので、ほめる必要のある子がほめにくいのと同様、ほめる必要のあるときはかえってほめにくいものだ。

だれでも自信があるときと、ないときと気持ちの波がある。落ち込んでいるときはすべてを悪いほうに考え、必要以上に劣等感を抱いたり、悲観的に考えたりする。とくに子どもの場合、人生経験が乏しく、自分自身を客観的に見る目も備わっていないので浮き沈みの波が大きい。そして失敗したとき、落胆しているときは、周りの声になかなか耳を貸さないものだ。

しかし、そんなときこそ子どもの強みや良いところをほめ、自信をつけさせてやる必要がある。実際、何かの失敗がきっかけで引きこもりや不登校になるケースも多いが、失敗したときにほめることでそれが防げるという研究もあるようだ。

大人の世界でも、次のような事例が報告されている。ある私立幼稚園の話だが、かつて「モンスターペアレンツ」という言葉が流行したころ、園児の親から厳しい言葉や要求を突きつけられ、それに耐えきれず辞めていく教師が続出した。その数は毎年二ケタに上ったという。毎年それだけの教師に辞められたら幼稚園はやっていけない。

そこで、この園の経営者は教師たちに「厳しい声をかけられながらよくやってくれている。ありがとう」と感謝し、同時に「あなたのやっていることは正しいので自信をもってやりなさい」と徹底的に励ました。すると効果はてきめんに表れ、離職者がゼロになったそうである。この事例もまた、子どもの世界にそのまま当てはまるだろう。

このように客観的には大きな問題がないにもかかわらず、**相手が自信を失っている場合には、「ほめる」より「認める」こと、すなわち客観的な情報を示して冷静に考えさせたり、親や教師が認めてやっていることを理解させたりすればよい。**

一方、厳しい現実を突きつけられて自信を失っている場合には、多少の誇張が入ってもかまわないので、**潜在能力や長所をほめることによって立ち直らせるのが先決で**ある。ちなみに学習塾では、「君にはこんな強みがある」とか、「あなたは後で伸びるタイプなので、落胆せずに今までどおりコツコツやっていたら大丈夫」といった声をかけているそうだ。当然ながら、同時に現在置かれている苦境からどうすれば抜け出せるかという実践的なアドバイスをすることも忘れてはならない。

†ほめられる場所と機会をつくり、サポートする

ほめにくさの一因は、固定的な人間関係のなかにもある。家庭にしてもクラスにしても、顔ぶれが同じだと、急に態度を変えるのは難しい。今までほめ言葉一つかけなかったのが急にほめたら相手は面くらい、何か魂胆があるのではないかと疑うだろう。その点、親が出張から帰ってきたとき、子どもが旅行や合宿などから帰ってきたときなどは、古い関係をいったん断ち切れるのでほめるチャンスである。しかし、そのようなチャンスはそうたびたびあるものではない。

そこで、**意図的に環境を変え、人間関係に変化を起こさせる**のも手だ。

たとえば、家族で食事に出かけたときや子どもとドライブに行ったとき、あるいはおじいさん、おばあさんや伯父（叔父）さん、伯母（叔母）さんなどが家にやってきたときなどは、親子の関係も微妙に変化しているのでほめやすい。しかも第三者がい

て同調してくれたり、意見を言ってくれたりするといっそうインパクトが大きくなる。そして、子どもの親に対する過剰な「甘え」も消える。少なくとも、いつものパターンで聞き流される可能性は低い。

逆に、子どもの生活のなかにほめられる機会を組み込んでおくという方法もある。弟や妹の勉強を見させる。おじいさん、おばあさんが安全に入浴できるよう一緒に入らせる。飼い犬の散歩やエサやりを任せる。家事の手伝いをさせる。親の代わりに電話に出させる。来訪者への応対をさせる。テレビを見ていて、あるいはパソコンを使っていてわからないことがあったら子どもに尋ねる。そうすれば自然にほめ言葉が出てくる。それをきっかけに「叱りモード」や「無視モード」から「ほめモード」へと転換できる。

いずれにしても大事なのは、無理にほめるのではなく、ふだんから自然にほめられる機会をつくっておくことである。

†反抗期を迎えたとき

子どもが中学生、高校生になって反抗期を迎えたときもほめにくい。しかし、そのときこそ親や教師からの承認が必要な時期でもある。

反抗期には、親や教師に対する態度、言葉の受け止め方に「逆転」現象が起きる。それまではほめられたら喜び、がんばろうとしていた子が、急に反対の態度をとる。ほめられたらわざとサボったり、そっぽを向いたりする。ほめ言葉の背後にある大人の思惑を敏感に嗅ぎ取り、芽生えたばかりの小さな自我を守るために「親や教師の思うようにはならないぞ」という態度をとらせるのである。

また反抗期には、親の期待や同情をうっとうしく思うものである。したがって、親の側が意識的に距離を置き、ドライに承認のメッセージを送ると、表面上は反発した態度をとっていても心には響いている。それが非行や暴走を防ぐ力にもなる。そして時がたち、反抗期を脱したとき、ほめられた経験が肥やしになって成長する。

反抗期の子がいちばん抵抗するのは上下の関係である。その点、「ほめる」という行為はどうしても「上から目線」になる。それが彼らにはカチンとくるのだ。
そこで、**目線を少し下げ、兄弟や先輩・後輩のような斜めの関係にもっていけば、彼らの抵抗は緩和される。**たとえば同じほめるにしても、ふんぞり返って「よし、よくやった」と言うより、「すごいな」「なかなかやるな」というような口調のほうが子どもの心に届きやすい。ほめるというより「たたえる」という表現がふさわしいだろう。

そして、横の関係になるといっそう受け入れられやすくなる。親や教師の「上から目線」には反発する彼らも、仲間からの承認は素直に受け止める。先に紹介した学校の取り組みのように友だち同士でＭＶＰを選んだり、あるいはほめ合う時間をつくったりして成功しているのはそのためである。

家庭でも、「お前、部活をよくまとめているんだってな」とか、「〇〇さんはあなたのことをほんとうに信頼しているみたいよ」というように友だちの声や評判を話してやったり、友だちから認められる場や機会をつくってやったりするとよい。

†確信犯にどう対処するか

反抗期の子に限らず、親や教師の前でわざと悪さをする子がいる。一種の確信犯である。親の言うことと反対のことをしてみたり、教師を怒らせるような言動をしたりする。子どもがそのような言動をとる場合、背後には二種類の動機が隠れている。

一つは、いわゆる「試し行動」と呼ばれるもので、どこまでが許され、どこから許されないかの限界を探るために悪さをしてみるのである。わざと親の前で弟や妹をいじめてみたり、「うるさい」と怒られるまでテレビの音量を上げてみたりする。そのようにして許される限界がわかれば、もう試す必要はなくなるので、放っておけばいずれ悪さをしなくなる。

もう一つの動機は、親や教師の気をひくためであり、そのためにわざとちょっかいを出したり、いたずらをしたりする。

子どもにとって、無視されることはつらい。無視されるくらいなら叱られようとする。もちろん良い行いをしてほめられたらそれに越したことはないが、なかなかほめてもらえない場合、叱ってもらうために悪さをする子がいる。そこで中途半端に叱って期待に応えてしまったら相手の思うつぼだ。以後はかまってもらうために、これでもかと悪さをくり返すだろう。その結果、「悪さをする↓叱る↓悪さをする↓叱る」という悪循環が固定化されてしまう。

したがって、そのような**確信犯に対しては、無視することが基本**である。

ただ、悪さをするのは「認めてほしい」という強い気持ちのゆがんだメッセージだということを見逃してはならない。したがって、良い行いをすればほめられる、認められることを理解させてやりたい。

そのことを子どもにはっきりと伝えてやるべきだろうし、たまたま良い行いをしたときは少し大げさにほめるとよい。それが何度かくり返されれば、「良いことをする↓ほめる↓良いことをする↓ほめる」という好循環へと転換される。手のつけられないいたずらっ子が、びっくりするほどのよい子になるケースはけっして珍しくない。

2　努力をほめるか、能力をほめるか

†能力をほめると逆効果になることもある

親は子どもの努力をほめてやるか、能力をほめてやるかで迷うことがある。教育関係者の間でもしばしば議論になるテーマだ。

一般的には、**能力より努力をほめることが大事だ**という考え方のほうが優勢である。

それにはもっともな理由がある。

子どもが成長するためには努力が不可欠なので、努力する姿勢を肯定してやり、習慣として定着させることはとても大切である。また子どもにとっても、自分なりに努力していることを認められると満足感が得られる。しかも子どもにとって、それは単に努力が肯定されたにとどまらず、少し大げさに言うなら自分の考え方や姿勢が肯定

されたことを意味する。

そもそも現時点での成果が求められる大人と違って、子どもの場合には現在の成果より将来の成果につながる努力にこそ価値があるといえよう。親や教師としては、たとえ小さなことであっても子どもの努力を見つけ、ほめてやることが大切である。

実際、第1章で紹介したように、自分のがんばっているところや努力してきたことを親や教師から認められ、それでやる気が出たり、伸びるきっかけになったりした例はとても多い。

一方、能力については、ほめたらかえって逆効果になることがしばしば指摘されている。

C・S・ドゥエックは、多くの実例や研究データをあげながら、人間の能力は努力によって伸びるものだという信念に基づいて教育することがいかに重要かを説いている。そのなかで彼女は、能力をほめると生徒の知能が下がり、努力をほめると生徒の知能が上がったというデータも紹介している。

たしかに小学生くらいの子なら、能力をほめたら「やらなくたってできる」と思って努力しなくなってしまう。なお、そう思って手を抜かせないためにも、第2章で述べたように夢や目標をもたせることが大切なわけである。

そして中学生や高校生くらいになると、別の問題が出てくる。能力をほめられた子は、失敗して「できる子だ」というイメージが傷つくのを恐れ、高い目標に挑戦しなくなることが過去の研究からわかっている。失敗への恐怖心は、はたから想像する以上に強いのである。

ときには自分の自己効力感を低下させないために、また自分の能力に対する他人の評価を下げないために、わざと自分にハンディを与え、言い訳を用意することもある。**「セルフハンディキャッピング」**と呼ばれる行動である。たとえば、実力があるので合格確実だといわれた子は、合格できなかったら期待を裏切ることになるので大きなプレッシャーを感じる。そこで試験の直前に大食いをしておなかを壊し、不合格になったときの言い訳にする。あるいは期待された選手が、試合前に故障したふりをすることもある。

まじめな子にとって、**能力をほめられることはそれほど大きなプレッシャーになる**

のだ。そのため経験豊かな塾講師は、プレッシャーを与えない言葉を用意している。たとえば模試で八〇点を取った子をほめるときには、「八〇点はよく取れたけれど、九〇点はたいへんだぞ」とあらかじめ失敗したときの「保険」をかけてやるそうだ。

ちなみに大学院生のなかにも、能力をほめすぎるとプレッシャーに押しつぶされる学生が少なくない。私自身も指導教員として何度か失敗をした経験がある。途中で辞めていった院生が語った、「先生に期待され、ほめてもらったのはとてもうれしかったけど、正直なところ負担でした」という言葉は、今でも思い出すと胸が痛む。

あるとき、その経験をベテランの教授に漏らしたところ、彼は興味深い話を聞かせてくれた。彼は自分が大学院生のころ師匠から、からかい半分に「お前はバカだ」と言われ続けたらしく、そのおかげでリラックスして研究に励むことができたという。そのため自分自身も学生に対して同じような接し方をしていると語っていた。

兄弟同士や友人関係のなかでもまれた経験の少ない今の子には、そうした配慮がいっそう求められているのかもしれない。

いずれにしても、能力をほめるより努力をほめればよい。そう結論づけられるだろうか?

いや、話はそれほど単純ではない。

努力をほめるのもまた、努力し続けなければならないというプレッシャーを与える。前章で私が告白した水やりの話を思い出してもらいたい。そして努力をほめられると、がんばっているところを見せなければならないと思うあまりに、努力の「質」がおろそかになったり、見せかけのがんばりになったりする恐れもある。

†ほめてプレッシャーを与えない工夫を

これについても、余分なプレッシャーを与えないようにする方法はある。相手が子どもではないが、興味深い話があるので紹介しよう。大阪にある吉寿屋《よしや》という会社では、優れた業績をあげた社員に対して、高級外車や海外旅行など驚くほど豪華な賞品を贈っている。贈られた側は当然、感激すると同時に恐縮する。そして緊張しながら「これからもっとがんばります」と挨拶した。すると賞を贈った社長は、「それは違う。

この賞はあなたの過去の貢献に対して贈ったのであり、将来に期待して贈ったのではない。また賞がほしければがんばればよい」と答えたそうだ。努力しなければならないという余分なプレッシャーを与えないようにする心憎い気配りである。

子どもの勉強でも、プレッシャーを感じながらがんばっているうちに勉強がいやになってしまうことがある。がんばりが空回りしたり、燃え尽きたりしないよう、たとえ短時間でも集中して勉強するなど、努力の量より質が大事なことを教えてやるべきだろう。

要するに、能力をほめても努力をほめても余分なプレッシャーを与える副作用はある。しかし、それを防ぐ気配りさえ忘れなければよいわけである。

†ポイントは、潜在能力をほめること

ところで、第2章で示したように日本の子どもの自己肯定感は外国の子どもに比べて低いことを思い出してもらいたい。また、大人を対象にした調査でも日本人の自己効力感の低さが明らかになっている。つまり日本人、日本の子どもの多くは自分の能

力に自信をもてないのである。

次のような研究結果もある。ある小学校で、引き算の苦手な子に対して教育を行い、子どもに対するほめ方（フィードバック）の違いによって効果に差があるかどうかを研究した。すると、能力をほめられた子は、努力をほめられた子や能力と努力をほめられた子よりも引き算能力と自己効力感が高くなっていた（Schunk）。また能力に自信のある子は、失敗してもくじけないことがわかっている。

これらの事実が示すように、能力をほめて自信をもたせることも必要である。ただ、先に述べたような能力をほめることの弊害も考えるなら、**大切なのは現在の実力よりに今の実力が足りないとしたら、それは潜在能力を伸ばす努力をしていないからで潜在能力をほめて、「やればできる」という自信をもたせること**ではなかろうか。かあり、けっして悲観する必要はないわけである。

実際、自分の潜在能力をほめられ（認められ）、一気に自信をつける子は少なくない。学生のアンケートでも、やる気が出たとき、あるいは伸びるきっかけになった経験として潜在能力をほめられたことをあげる者は、努力をほめられたことをあげる者より明らかに多かった。そのなかから、いくつかの声を紹介しよう。

・親から「やればできるのにもったいないなあ」「努力さえしたらもっとうまくいくのに」という言葉をくり返しかけられ、悔しくなってがんばったことが伸びるきっかけになった（女子大学生）。

・受験生のとき、模試の点数がいきなり下がって落ち込んでいたら、予備校でいつも親身になって教えてくれる先生が、「あなたが〇〇大学に合格できなかったら、ほかの子はだれも合格しないよ」と励ましてくれ、もっとがんばろうという気持ちになった（女子大学生）。

・大学受験のプレテストを返却する際に教師から、「今のままでは絶対に落ちる。だけど、今の意識を変えたら絶対に受かる」と言われたこと（男子大学生）。

これらの例にも出てくる「やればできる」という励ましは、努力を促していると同時に潜在能力を認めているわけである。そして高校生や大学生になれば、努力は他人からほめられなくても、どれだけ努力しているか自分自身でよくわかっている。逆に**これくらいの年齢では、自意識が強い反面、自分に自信がもてないのが特徴である。**

また、だれでも失敗したり他人に水を空けられたりして自信を失うことがある。

そこで大切なのは、「やればできる」「努力は必ず報われる」と確信させることであり、それはとりもなおさず潜在能力を認めてやることである。それも抽象的な言葉だけではなく、「お父さんも実は……」といった体験談を話したり、「担任の先生が、力はあるのだから勉強の仕方を変えたら必ず復活すると言われてたよ」と第三者の声を借りたりしながら認めてやるといっそう効果がある。

潜在能力に自信をもてたら、別人のように変わる子は少なくない。

3　相手のタイプに応じた使い分けも

†男女の違いは？

ここまでほめ方、認め方について対象をはっきり区別せずに述べてきた。しかし、ときには同じようにほめても相手によって効果が大きく違ったり、まったく逆の効果を与えてしまったりすることがある。したがって、承認の方法を相手によって使い分けなければならない場合もある。

そこで、相手の属性やタイプによってほめたり、認めたりする際にどんな注意が必要かについて述べることにしよう。

まず、男女によってどのような違いがあるのだろうか？

第1章で紹介したように、中学校のデータでは女子にのみ、ほめたら勉強が充実するという結果が得られた。学校の教師や塾の講師に対する聞き取りでも、小学校の高学年や中学生の場合、男子に比べて女子のほうがほめる効果が大きいという声が多く聞かれた。

さらに臨床研究の経験も豊富な心理学や教育の専門家は、次のように述べている。

中学生の「男の子たちは、少年として期待に応えられる行動をすることで、頭がいっぱいだし、女の子たちは、お互いに認めてもらおうとひたすら努力します。」（D・ディンクマイヤー、R・ドレイカース、一九九頁）

「男子は叱っても効果があるが、女子はほめるほうが効果がある。」（辰野千壽、八三頁）

こうしてみると、中学生くらいの子どもについては男子より女子のほうがほめる効果は大きいようである。ただ、女子のほうが周囲の目や友人との人間関係を強く意識

し、人前でほめられるのを嫌がるともいわれるので、ほめ方には注意が必要だろう。一方、男子の場合にはほめてばかりではなく、ときには叱ることも必要なのかもしれない。

　言うまでもなく学校教育では男女は平等に扱わなければならないし、ほめ方、認め方も男女ではっきり分けることには問題がある。しかし、家庭では一人ひとりの様子を見ながら、ある程度男女によってほめる、叱るを使い分けてもよかろう。

†長男・長女のほめ方

個人の属性としてもう一つ考慮に入れておきたいのが、その子の兄弟構成である。

心理学者の依田明は兄弟の性格について長年研究を続けてきた。また、かつてNHKの番組制作を担当していた下山啓は第一子、中間子、末っ子、一人っ子という四パターンそれぞれについて有名人を集め、それぞれの性格を分析している。これらは比較的古いデータだが、私のゼミの学生は二年前に、同志社大学の学生四八六人について兄弟の順番によって性格にどんな特徴があるかを調べた。それらを見ると、兄弟の構成・順番によって、かなり共通する性格があることがうかがえる。それはまた、子どもの保護者への聞き取りや私自身の子育て経験ともおおむね一致する。

したがって、何を、どのようにほめられたらやる気が出るか、伸びるかも、兄弟のなかで占める位置によって違いがありそうだ。

ただし、最近は二人兄弟が全体の過半数を占めるうえ、第一子と末子（末っ子）にはかなりはっきりした特徴がある。そこで右記の資料や直接・間接の経験を参考にしながら、第一子と末っ子について、ほめ方、認め方のポイントを述べてみよう。

まず、第一子は「お兄ちゃん（お姉ちゃん）だからしっかりしなさい」「弟（妹）の面倒をみてやりなさい」というように、兄弟のなかでリーダー的な役割を負わされてきた。また、とくに男の子の場合、兄弟のなかでは最強であり、常に中心的な位置を与えられた。

そのため第一子は、他人と比較して優れているとか、頼りになる、任せられるといったところをほめると意気に感じ、自信をつける。そして、ますますそのような長所を伸ばそうと努力する。「さすがお兄ちゃん（お姉ちゃん）」といったほめ方はプライドをくすぐる、きめぜりふになる。

一方で第一子はきまじめなため、あまり軽いほめ方は通用せず、かえって逆効果になる場合もあるので注意が必要だ。任せて頼りにし、オーソドックスにほめるというのが第一子に向いたほめ方だといえよう。

末っ子のほめ方

対照的なのが末っ子だ。二人兄弟だと上の子と下の子は正反対の立場で育ち、下の子は上の子と逆の役割を担わされる。そのため、性格にもはっきりした違いが出やすいのだ。

一般に末っ子は幼いときに家族のなかでもっとも力が弱く、親や兄・姉からは庇護（ただし年齢が接近している兄・姉とは競争）と従属の対象となる。当然、リーダーとしてふるまうような経験は乏しい。

このような環境で育った末っ子のなかには、まとめ役を任されたり頼られたりすると、意気に感じるどころか「なぜ僕が（私が）やらないといけないの？」と不満を訴える子が少なくない。どちらかというと頼られるより、仲間に入れてほしい、注目されたいという子が多いようだ。

したがって、**第一子とは反対に軽いノリでほめてやったり、みんなで盛り上げてやったりすると、はりきってがんばる。**最近は学校でもゲーム感覚でほめ合うイベントを取り入れるところが増えているが、いちばん効果があるのは末っ子ではなかろうか。また、とくに小さいうちは何をしても兄や姉にはかなわないので、兄や姉と比較するのではなく、その子なりの良いところをほめてやることが必要である。

ただし、同じ二人兄弟でも男女の構成によって生育環境や家族のなかでの役割も違う。ここで述べたのは主に同性の兄弟、姉妹を念頭に置いていることを断っておきたい。

ところで、このように兄弟によってほめ方やほめどころを変えても、一方をほめると他方がやきもちをやくことがよくある。それを防ごうとするなら、両方ともそれぞれの良いところをほめるとか、片方をほめるときはもう一方もほめるといった配慮が必要だろう。

けれども第2章で紹介したように、ほめられなかった悔しい経験が伸びる原動力になったというケースも多い。したがって、ひねくれたり、やけになったりしない程度であれば、それほど神経質になる必要はないかもしれない。

†目立ちたがりの子、シャイな子

「ほめるのは人前で、叱るのは陰で」とよくいう。しかし、これもそれほど単純なものではない。

教師が答案を返すとき、良い成績をとった生徒をクラス全員の前でほめた。生徒は答案を受け取りながら小さくガッツポーズをして喜びを表し、それからいっそう張りきって勉強するようになった。そして、その教科が好きになり、教師とも親しく会話をするようになった。ところが同じようにほめても、無表情に答案を受け取るだけの子もいる。なかにはみんなの前でほめられるのが嫌で、わざと勉強しなくなる子もいるという。

前者の子は目立ちたがりで、周囲から嫉妬されてもむしろ快感を覚えるタイプである。一方、後者の子は恥ずかしがりで、周りから注目されることが苦手なタイプだ。あるいは友だちとの人間関係に敏感で、関係がよそよそしくなったり特別な目で見られたりすることを強く恐れる子もいる。家のなかでも兄弟の目を意識して同じような反応をする子がいる。

とくに思春期、女の子なら小学校の高学年くらいから、このような受け止め方をする子が増えてくる。外国人や留学経験のある日本人学生に聞いてみると、日本の子に特有とまではいえなくても、顕著な現象のようである。日本社会の濃密な人間関係が、多感なこの年齢の子どもたちに最も強く影響を与えるのだろう。

ただ、人前でほめられるのを嫌がる子も、ほめられることそれ自体を嫌がっているわけではない。敏感なのは、ほめられる意味がよくわかっていることの裏返しともいえる。したがって、陰でほめてやるとか、黙って承認のメッセージを送る、あるいはみんな一緒にほめてやるなど、周囲との人間関係に気をつかいながら承認してやるべきである。

目立ちたがりか、シャイかというだけではない。

教育心理学者の中山勘次郎は、課題志向の子と社会志向の子に分け、周囲からの評価や情報に対する受け止め方に違いがあることを明らかにしている。課題志向の子は人前でほめるより陰でほめるほうがよいし、社会志向でしかも自己顕示欲の強い子にはできるだけ多くの人が賞賛してやったほうがよいだろう。

子どもをふだんからよく観察していれば本人の性格はもちろん、友だちなど周囲の人間関係や、そのなかで置かれている位置、そして本人が周囲に対してどのような気づかいをしているかもわかってくる。それを理解したうえでほめると、空回りしたり、逆効果になったりすることは少ないはずだ。

†負けず嫌いな子、ひ弱な子

第2章で紹介したように、叱られたらそれに発憤して伸びる子がいる。彼らの多くは、もともと自己効力感が高かったといえよう。つまり「やればできる」という潜在能力への自信がある子は、叱られたり、突き放されたり、軽く見られたりすると、眠っていた自己効力感が刺激され「見返してやろう」という気持ちになる。そして実際に見返すことができたら、ますます自己効力感が高くなる。

このように自己効力感の高い子、すなわち「いざとなればやれる」という自信をもっている子には、厳しい言葉をかけたり、突き放したりするほうがよい場合もある。

ただし、このように発憤して伸びるのは、ふつう高校生以上、早くても中学生以上だといわれる。

もう一方には、叱られたり厳しい言葉をかけられたりすると、すっかり意気消沈してしまう子がいる。自己効力感の低い子は、「やっぱりだめだ」「どうせ無理だ」とあきらめてしまうのだ。そして、いっそう自己効力感が低くなる。

けれども、両者がまったく対照的なタイプだと固定的に考えるべきではない。心理学者で精神科医でもあるA・アドラーは、優越感と劣等感を表裏一体のものとしてとらえる。他人より優越したいという欲望が強いからこそ、それが叶えられないときには劣等感を覚えるのである。

したがって、アドラー流にいえば**傷つきやすい子は、いったん自信をつけたら一気に伸びる可能性を秘めている**と考えられる。そのような子に対しては、良いところに目を向けさせることによって大きな自信をつけさせられる。

実際に、歴史に名を残した科学者、作家、芸術家などのなかには、劣等感や情動過敏といった特徴をもっていた人が少なくない（宮城音弥）。彼らが世に出て名をなした背後には、おそらくその才能を見出して伸ばす陰の支援者がいたことだろう。

もう少し卑近な例をあげても、音楽家や俳優、あるいはスピーチや演説が特別うまい人が意外にも子どものころは人前で話したり、周囲に注目されたりすることが大の苦手だったというケースがしばしばある。そして彼らの多くもまた、苦手が得意に転換したエピソードをもっており、教師や先輩などそこにかかわった人物がいたことを打ち明ける。

長所や可能性を見つけてほめ、自己効力感を高めさえすれば、劣等感に覆われた子は見違えるほど伸びる可能性を秘めているのである。

第４章

「子どもが伸びる」親子関係とは？

†子どもを伸ばす三つのポイント

子どもを伸ばすには、上手にほめる、認めることが大切である。しかし、当然ながらそれだけでは十分といえない。家庭では、親子関係そのものが大きくかかわってくる。

そこで、この章では子どもが伸びる親子関係について述べることにしたい。第2章の冒頭で説明したように、子どもが伸びる条件は、端的にいうと魅力的な夢や目標がもてること、そして努力すればそれが手に入るという自信がもてることの二つである。したがって、そこに焦点を当てれば、望ましい親子関係も自ずと見えてくる。

第一のポイントは、いかにして子どもが夢をもてるようにするかである。それについてはすでに第2章でも述べた。しかし親子関係において注意すべき点は、どのようにして夢をもたせるかというより、**むしろ子どもの夢を奪わない**ことではないか。

夢をもつのは子ども自身であり、親が直接夢をもたせることはできない。けれども夢を奪わないように、あるいは夢をもつのを妨げないようにすることはできる。実際、親が子どもに夢を与えるより、奪ってしまうケースのほうがはるかに多い。親が歩ませたい道以外の道に子どもが進もうとしたら、親が猛反対するケースがある。あるいは最初から無理だときめてかかって、子どもの夢をあきらめさせてしまう親もいる。

第二のポイントは、成功体験を積ませ、「やればできる」と実感させることである。しかし、これも「言うは易く行うは難し」で、親が過剰に干渉したり先回りしたりで、たとえ成功しても「自分の力で成功した」という実感を与えられていないケースが多い。

第三のポイントは、間接的に支援してやることである。

独力で成し遂げることが大切だといっても、最初のきっかけがなければ子どもは挑戦しない。そこで必要になるのが、車のエンジンにたとえるとセルモーターのように、きっかけをつくり背中を押してやることだ。ただ、かりに挑戦し、成し遂げたとしても反応がなければ達成感が得られない。したがって、この段階で上手にほめたり認めたりすることが必要になってくる。

以下では、ここにあげた三つのポイントに焦点を当てながら、親の子に対する接し方を考えてみよう。

†無意識に、子どもの夢とチャンスを奪っていないか

ノーベル賞作家、大江健三郎の『あいまいな日本の私』という本のなかに、次のような体験談が述べられている。

大江には光さんという障害をもつ息子がいる。その光さんが子どものころの話だ。あるとき大江は痛風になり、一週間、居間の長いすに寝そべり「何もできない人間」として暮らしていた。すると、ふだん静かな光さんが喜んでそばを駆け回り、水を飲ましたり辞書を取ってくれたり、大江のために何かをしてやろうとした。ところが大江の痛風が治ると、元の静かな光さんに戻り、興奮して走り回ることもなくなった。

その後、些細なことで大江は光さんを叱ったことがあり、それから仲直りできずに

大江は黙っていた。あるとき彼が長いすに寝そべって本を読んでいると、光さんが近づいてきた。そして大江の足をつかまえ、「いい足だね。もう痛風はいいですか。とてもいい足です……（略）」とほめていたそうである。

この出来事を振り返りながら大江は語る。自分は子どもを理解しよう、子どもの側に立って生きていこうとしてきた。しかし、知らず知らずのうちに、自分が家庭のなかで子どもより優位に立っていることがあったのじゃないか、と。さらに、家庭において父親が子どもを愛し、保護してやると同時に子どもに対して力をふるい支配してしまうという面があるのではないか、と自戒を込めながら述べている。

なぜこの話を取りあげたかというと、そこには二つの教訓が含まれているからである。

大江の場合は別にして、私たちの周りを見渡すと、世俗的な意味で成功を収めた人の家庭には親と対照的にモチベーションの高くない子が多い。どの世界でも二代目、三代目は一代目ほどアグレッシブでも野心的でもない。

それには統計的な話以外にも理由がある。子どもは親と比較される。親が立派だと、子どもが少々がんばっても親を追い越すことはできない。親が大学を出ていなければ、子どもは大学に入っただけでも親にほめてもらえるが、親が有名大学を卒業していたら子どもがそこそこの大学に入っても心からほめてはもらえない。親がつくった会社なら、子はそれを少々発展させても世間からは当たり前にしか思われない。

そもそも人間は未知の世界だからあこがれ、挑戦しようとするのであり、親が登った高みを目指しても**親と同じようなモチベーションは湧かない**のが普通である。成功者を親にもつ子は、それだけで不幸だといえるかもしれない。

たとえ世間的な成功者でなくても、家庭のなかで親は子にとってなかなか到達できない目標であり、越えられない壁である。私たちは無意識のうちに子が夢をもちにくい環境をつくってしまっているかもしれないのだ。

†「恵まれた家庭の不幸」から脱却するには

さらに、親が子の夢だけでなく、自己効力感を獲得する機会さえ奪ってしまっている可能性がある。

大江が痛風で動けなかったとき、息子の光さんは大江に水を飲ませたり辞書を取ったりして役立つことができた。自己効力感、自己有用感を得る機会に恵まれていたのである。これは光さんにとって、めったにない機会だったろう。

子どもにとって家庭のなかは、小さな成功体験を得る貴重な場所である。家事の手伝いをした、一人で留守番ができた、弟や妹の面倒をみたというような小さな体験の積み重ねによってだんだんと自信をつけていく。家族の一員としての務めを果たしているという満足感も得られる。また高校生や大学生になりアルバイトでお金を稼げば、たとえわずかでも家計に貢献しているという誇りももてる。

ところが経済力、体力、行動力がある親は自分で何でもできるし、やってしまう傾向がある。親にとっては、そのほうが楽だし早いからである。すると、子どもの出る幕がない。たとえ親が教育のためと思って子どもに手伝いやアルバイトをさせても、ほんとうに必要でやっていて、家族を助けているのと、そうでないのとでは重みがまったく違う。

では、恵まれた家庭の子には何をさせればよいのか？

世のなかには恵まれない人、ほんとうに困っている人がたくさんいる。あるいは学校や地域には手助けや指導が必要な下級生、年下の子もいる。そのような人たちに役立つ経験をさせればよい。

代表的なものはやはりボランティア活動だ。ボランティアが人々や社会に役立つのはもちろんだが、それ以上に自分が得られるものは大きい。自ら考えて行動し、成果をとおして「やればできる」という自信を得るのに、これ以上のものはないといっても過言ではないくらいだ。さらにボランティアをして感謝されたりほめられたりすると、「やったことが正しかった」という自信も得られる。それも大きな収穫である。

要するに、**ボランティアこそ自ら行動して成功体験を得るとともに、心からの承認を得ることのできる理想的なシステム**だといえよう。

ちなみにトレンド総研が二〇一二年に、一カ月以上の海外ボランティアを経験した男女三一〇人を対象として行った調査によると、「人間的成長につながった」という者が九五%を占め、また七二%の者が「就職活動や転職活動に役立った」と答えている。これだけの教育効果を期待できる手段がほかにあるだろうか。

†子に「生きがい」を託していないか

もう一つ、現代の親が犯しやすい「失敗」がある。先ほど述べた「失敗」はどちらかというと父親が犯すことが多いのに対し、ここで取りあげる「失敗」は圧倒的に母親が犯すケースのほうが多い。

しばしば問題にされるのは、娘や息子にベッタリの「友だち親子」や、わが子を世間の目や荒波から守ろうとするあまりに過保護、過干渉になるケースだ。これらについてはすでにいたるところで論じられているので、ここでは触れない。

意外と問題の深刻さに気づいていないのは、次のようなタイプである。

精神科医の原田正文は、現代の母親のなかに**子育てをとおして自己実現**しようとする傾向が出てきていることを指摘し、それを批判している。**子育てを生きがいにし、自己実現しようとする態度が実現困難な完璧主義を招き、そのストレスが結果的に子育てを困難にしている**というのだ。そして原田は、母親が専業主婦として子育てするより、働いていたほうが子どもの身体的・精神的発達がむしろよい（統計的有意性はない）という衝撃的なデータを示しながら、子どもが三歳になるまでは母親が育てるほうが子どもによいという「三歳児神話」は事実でないと述べている。

親が子育てを生きがいにし、子育てをとおして自己実現しようとするとどうなるか。視点を変え、子どもの立場から考えてみよう。

現在のように子どもが少ないなかで、親がありったけの時間とエネルギーを投入し、至れり尽くせりの子育てをされると、**子どもは自力で何かを成し遂げたり、困難を克服しながら環境に適応したりする機会がなくなってしまう。**親がつくった道、それもきれいに整備された道をただ歩んでいくしかないのだ。そこから得られる自己効力感は、ごく限定されたものになってしまう。

もっと大きな問題は、何かを達成しても、それが**子どもの成功体験につながらない**ことである。ピアノが弾けるようになったのも、英語が話せるようになったのも、成績が上がったのも、受験に合格したのも、親に促され、親のいうとおりにしてできたのだから、親の成功体験、自己実現にはなっても、子どもの成功体験、自己実現にはならない。子どもにとっては親の代理で成し遂げたに過ぎないのである。

そのうちに、子どもは自分の人生ではなく親の人生のために生きていると思うようになり、反抗期になると一気に爆発する。子どもを生きがいにしてきた親は、従順だったわが子にいきなり反発されて驚き、困惑する。

本人は気づいていなくても、実際には「友だち親子」などと同じく親が子どもに依存しているわけである。

親の自立なくして子の自立はない。ほんとうに子どもの成長を願うなら、子どもの成長とともに親自身が自立し、子どもから尊敬されるような人生を歩むべきである。

もちろん、だからといって子どもを突き放せとか無関心になれと言っているわけではない。

†「斜め」の関係も取り入れよう

では、わが子に対する望ましいかかわり方とはどのようなものか？

唯一絶対の正解があるわけではないが、考えてほしいことが一つある。それは今日、子どもの人間関係が単純化していることである。

人間関係には縦と横、それに斜めの三種類がある。縦の関係は命令と服従、支配と被支配、庇護と忠誠が基本であり、横の関係は協力、対立、競争が基本である。親と子、教師と生徒の関係は縦、同級生や友だちとの関係は横が中心になる。これらは比較的単純である。

それに対して兄弟や先輩・後輩のような斜めの関係には、単純な図式では表せない複雑で微妙な要素が入ってくる。力関係が接近したり離れたり、突き放されたり甘えたり、常に関係が変動する。

また、縦と横の関係が主にタテマエで成り立っているのに対し、**斜めの関係にはホンネが強く働いている**。

たとえば親は子に対して「まじめに勉強しろ」とか「友だちとけんかをしてはいけない」としか言わないが、兄や姉は「お父さんのいうことなんか適当に聞いておいたらいいよ」と知恵をつけたり、「友だちにやられたら、やり返してやれ」とそそのかしたりする。また教師にはほめられる「よい子」でも、先輩には「お前、ちょっと生意気だぞ」とにらまれることがあるし、逆に教師からダメ出しを食らっても後輩がヒーロー扱いしてくれる場合がある。そして、建前上は平等な同級生の間では実力が認められなくても、先輩が「お前のほうが○○より力がある」とほんとうのことを教えてくれる。反対に同級生とは勝負できない子も、下級生には勝てるので自信をもてることがある。

学生のアンケートのなかにも、斜めの関係の大切さを裏付けるような話が述べられている。

・私は中学生のころ、勉強についていけないことがあった。その私が少なからず伸びるきっかけになったのは、そのころ大学受験を控えていた兄の影響が大きい。兄にはいつもバカにされていて、私が勉強しているときなど「こんなのもわからんの?」と言いつつ、ときどき勉強を教えてくれたり、「お前ならいけるやろ」といった言葉をかけてくれたりして、それがきっかけで私も兄に負けないようにがんばろうと思えるようになった(女子)。

このように、斜めの関係に身を置くことで自分の実力がよくわかるし、そこには本音で語れる人間関係がある。だから、子どもはとくに斜めの関係で認められたがるのだ。

しかも斜めの関係のなかで認められると、自分の実力がわかるだけでなく、集団の人間関係のなかにおける存在感も自覚できる。そのため極端に落ち込んだり、挫折したりすることも少ない。

私はそれを家のスジカイと同じようなものだと思っている。建物も縦の柱と横の梁《はり》だけだと地震などの揺れに弱いが、**斜めのスジカイが入ると格段に強くなる**。人間も、斜めの関係があってはじめて心の安定が得られる。

それだけ斜めの関係は重要なわけである。

ところが今、**子どもたちから斜めの関係が消えている**。

家庭では、ほとんどが二人兄弟か一人っ子になった。一人っ子の場合は言うに及ばず、二人兄弟でも性別が違うと関係は薄くなる。しかも上の子には斜め上、下の子には斜め下の関係がない。また祖父母との間には幾分、斜めの関係が含まれているが、それも核家族化で接触が少なくなっている。さらに、地域でも子どもが減り、外遊びをしなくなったので年の違う子と接する機会はめっきり減った。

ちなみに職場でも「アニキ」「アネゴ」的な役割を果たせる人が少なくなり、それが若手社員を精神面で不安定にし、また仕事の勘所や処世術を学びにくくなっている。

†子を伸ばす親の役目は「サポーター」

しかし、無い物ねだりをしてもしかたがない。だれがその役割を果たすべきかといえば当然、親である。親が縦の関係だけでなく、斜めの関係も取り入れればよいわけだ。いわば一人二役で、ときには兄や姉のような態度で子どもと接するのである。

たとえば、後かたづけしない子に注意するときでも「かたづけなさい」と命令口調で言うより、「お母さんだってお出かけしたいのに、あなたが手間を取らせるから行けないじゃないの」と言えば子どもはあんがい素直に聞く。また、子が何かを成し遂げたときは「すごいなあ」「なかなかやるね」と心から感心するのもよい。あるいは家の用事や課題の解決を「一緒にやってみようか」と誘いかけてもよいだろう。

斜めの関係の特徴は、肯定と否定が入り交じっているところにある。それが相手に信憑性を与えるのである。会社員へのアンケートで、上司にどんなほめられ方をしたときにいちばん自信がついたかを尋ねたところ、「お前は人間的には好きになれないが、実力はすごい」と言われたときだという回答があった。それを研修会場で参加者に披露したところ、大半の人が笑いながら大きく頷いた。

したがって中学生以上の子なら、「お前は家ではいつもダラダラしているけど、学校ではしっかりやっているらしいな」とか、「あなたは素直じゃないけど、そこが強みだからしょうがないわ」などというような言葉をかけてみたらどうだろうか。

しかも、縦の関係でほめるには建前上、模範的な親を演じなければならないが、斜めの関係なら肩の力を抜いてほめることができる。「俺の中学校のころはいつも成績がビリだったけど、お前は真ん中あたりだからたいしたものだ」とほめてやれば、成績のあまりパッとしない子でも少しは得意になるし、親に対して親しみももつようにもなる。実際、子どもに慕われている親を見ると、たいていが斜めの関係を取り入れながら子どもに接しているものだ。

「家貧しくして孝子あらわる」ともいう。伸びる子を育てるという意味では、理想的な家庭でなければならない、模範的な親にならなければならないと無理に背伸びする必要はないのである。

「伸びる子を育てる」一つのスタイルが見えてきた。それは、子のサポーターである。サポーターは夢や目標をもてるような機会を与え、必要に応じて支援する。そして挑戦や努力、達成には惜しみない賞賛を贈る。しかし、熱が入りすぎて強制やリードをしてはいけない。主役はあくまでも子ども自身だからである。

あとがき

私がこの本を書きたいと思ったのは、今から二年半前にさかのぼる。テレビ局の女性記者などマスコミ各社で働く女性たちが中心メンバーの、「薔薇棘」という集まりがあり、その勉強会に招かれて講演をした。会の名称はおどろおどろしいが、バラのように香りは良くてもトゲはない。子連れの参加者も多く、小さな子が会場でかくれんぼをするなど、和やかな雰囲気のなかにもキャリアを築く女性の生活感と抱える不安がにじみ出ていた。

その会で私は企業や病院などでの研究成果を示しながら、ほめること、認めることがいかに大切かを説いた。来場者は予想以上に興味をもって聴いてくださり、ＮＨＫ

名古屋放送局の山本恵子さんたちに「子育てや教育の分野で是非もっと発言してほしい」と執筆を強く勧められた。

いわれてみると、私の周囲にも子育てに自信をもてない母親がたくさんいる。もちろん母親だけでなく、男性サラリーマンのなかにも日ごろは子どもの世話を妻に任せっぱなしにしておきながら、心のなかでは子育ての悩みを抱えている人が多い。一緒に酒を飲んで酔いが回ってきたら、「娘にまったく手がつけられない」とか、「息子とコミュニケーションがとれなくて困っている」といった悩みを打ち明けはじめる。子育ての悩みはそれだけ深刻なのだ。

悩みが深いのにはわけがある。本文で引用した原田正文も指摘しているように、親自身が職業生活で貫いてきた信念や、成功に導いてきた努力、方法論、心構えなどが子育てには必ずしも通用しないからである。いや、むしろ妨げや逆効果になる場合が多い。実績ある教育者の一人は、「自分の子の教育はできない」と諦観をもって語った。それほど子育ては一筋縄でいかないわけである。

子育てに自信を失ったまじめな親たちは、わらにもすがるような思いで講演を聴いたり書物をあさったりする。しかし、「ほめればよい」「認めてやることだ」という一般論だけでは実際にどうすればよいかがわからないし、巷にあふれたハウツーものも根拠に乏しかったり内容に矛盾があったりで、何を信じてよいかわからない。

要するに、彼らの子育てに対する深い悩みや疑問に応えられていないわけである。客観的な根拠でもって子育て、とりわけほめ方や認め方の指針を示すことが必要だ。そう強く感じた私は、どれだけ貢献できるかどうかわからないまま研究に突き進んだ。

私はこれまで主として組織で働く大人を対象にほめる、認めることの効果を研究してきたが、本書で示したように子どもについても本質は変わらないことが明らかになった。いや、子どものほうが大人より純粋だし、組織で働く大人と違って、やる気や能力の向上がそのまま自分の利益として返ってくるので、ある面では大人よりむしろ効果が出やすいことがわかった。

本文で詳しく説明したように、ほめるきっかけをつくると同時に、努力すれば魅力的な夢や目標が手に入ると確信させるようなほめ方、認め方をすれば、だれでも見違えるようながんばりはじめる。具体的な方法は子どもによって、また状況によって変える必要があるが、焦点はそこに絞ればよい。

個人的にちょっと残念なのは、その確信がもてるようになった今、私自身の子育てはもうすでに終わってしまっていることである。妻には、「なぜ自分の子をもっと上手にほめなかったの」とたびたび嫌みを言われるし、子は失敗したときの責任を親になすりつけようとする。私としては、「子育てをとおして貴重な研究材料が得られたのだし、反面教師としてでも人様の役に立てたらいいじゃないか」と言い訳をするしかない。

本書ができあがるまでには、多くの方々の力を借りた。

S幼稚園、Y中学校、H高校の先生方には、本来の業務で多忙を極めるなか、研究の意義を理解され、長期間にわたってプロジェクトに協力していただいた。また熊本市立池上小学校、豊島区立千登世橋中学校の校長先生をはじめ先生方には、授業の観察や聞き取り、資料提供などでお世話になった。そして京都市立九条中学校教頭の田邊美野利先生には、数々の教育実践について繰り返し、話を聞かせていただいた。

そのほか、聞き取りをした学校や塾の教師、園児や児童・生徒の保護者は数え切れないほどの人数にのぼる。そして多数の中学生、高校生や同志社大学政策学部の学生、園児の保護者たちが面倒なアンケートに答えてくれた。感謝に堪えない。

子どもたちが夢と自信をもち、自ら伸びる力をつけるのに本書が役立つなら、ご協力いただいた多くの方々に対するせめてもの恩返しになるのではないかと思っている。

最後になったが、本書を書くきっかけをつくってくれたＮＨＫの山本さんや近江真子さん（大阪放送局：当時）、執筆の機会を与えていただいた筑摩書房編集部の永田士郎さんには心より御礼申しあげる。

二〇一三年九月

太田　肇

資料　ほめる効果の研究プロジェクトについて

①幼稚園児を対象にした研究プロジェクト

［対象］

大阪府内にある私立S幼稚園に通う二歳～五歳の園児。このうち比較が可能な三歳児と五歳児（二歳児はクラス数に偏りがあり、四歳児は期間中にインフルエンザによる学級閉鎖があったため除外）を統計分析の対象にした。

［実施時期］

二〇一二年一月～二月。

［研究方法］

まず、園児の態度や行動に関する三〇項目（五点尺度）の質問と自由記述欄および個人属性を尋ねる項目からなる調査票により、園児の保護者から回答を求めた（第一回調査）。第一回調査終了後、各年齢とも意識的に園児をほめるクラス（実験群）と、ふだんどおりに接するクラス（統制群）に分け、実験群のクラスでは教師が幼稚園で園児を日常的に意識してほめるとともに、家庭でも親から子をほめてもらうように依頼した。ほめる取り組みをはじめてから約一カ月半後に、第一回と同じ質問項目からなる第二回調査を実施した。いずれも回答は無記名であるが、第一回調査と第二回調査の間の変化を測定するため、質問票には個人を同定する照合番号を記載している。

回収した調査票のうち第一回調査の回答を因子分析し、因子負荷量が〇・三以上の項目から合成尺度を作成した。次に、合成尺度ごとに二調査間における値の変化と集団間（実験群と統制群）の交互作用を調べるため、両方の調査に回答した一五四名について、くり返し（要因）を含む二要因の分散分布を行った。

［結果の概要］

因子分析の結果、パターン行列で固有値が一・〇以上の因子は七個抽出された。この七因子から作成された七尺度のうち、交互作用の値が有意（$p<0.05$）もしくは傾向性がある（$p<0.1$）ものは「笑顔が増えた」「得意なものがある」の二尺度だった。

②中学生を対象にした研究プロジェクト

［対象］

兵庫県内にある公立Y中学校の一～三年生ほぼ全員。

［実施時期］

二〇一二年六月〜七月。

［研究方法］

まず、生徒の態度や行動に関する三〇項目（七点尺度）の質問と自由記述欄および個人属性を尋ねる項目からなる調査票により、生徒から回答を求めた（第一回調査）。第一回調査終了後、各学年で教師が意識的に生徒をほめる取り組みを行った。取り組みをはじめてから約一カ月後に、第一回と同じ質問項目からなる第二回調査を実施した。いずれも回答は無記名であるが、質問票には個人を同定する照合番号を記載している。

回収した調査票のうち第一回調査の回答を因子分析し、因子負荷量が〇・三以上の項目から合成尺度を作成した。次に、合成尺度ごとに二調査間における値の変化とほめられたことの有無（自己申告）の交互作用を調べるため、両方の調査に回答した二〇一名について、くり返し（要因）を含む二要因の分散分布を行った。

［結果の概要］

因子分析の結果、パターン行列で固有値が一・〇以上の因子は七個抽出された。この七因子から作成された七尺度のうち、交互作用の値が有意（$p<0.05$）なものは存在しなかった。ただし、ほとんどの尺度においてほめられたことが「ある」者は「ない」者に平均値の差を広げており、また被験者間効果はほとんどの尺度において「ある」者が「ない」者より有意に、もしくは傾向

として値が高かった。
次に男女別に分析したところ、女子のデータからは「勉強の充実」で有意な効果が、また「着実な努力」では傾向性（p＜0.1）が表れた。

③高校生を対象にした研究プロジェクト

［対象］
兵庫県内にある公立H高等学校の一～三年生ほぼ全員。ただし、第三回調査には三年生が含まれないので、比較分析は一、二年生のみを対象にした。

［実施時期］
二〇一二年四月～二〇一三年三月。

［研究方法］
基本的にはY中学校での研究プロジェクトと同じだが、調査はほめる取り組みを行う前の第一回（二〇一二年四月）、取り組みをはじめてからの第二回（同年九月）、第三回（二〇一三年三月）の三回行った。このうち第二回調査は夏休み直後なので効果が表れにくいため、第一回調査と第三回調査のデータを比較した。分析対象は両方の調査に回答した六五名である。

［結果の概要］
因子分析の結果、パターン行列で固有値が一・〇以上の因子は一〇個抽出された。この一〇因

子から作成された一〇尺度のうち、交互作用の値が有意（$p<0.05$）なのは「勉強への関心と不安」のみであった。ただし、被験者間効果は多くの尺度においてほめられたことが「ある」者が「ない」者より有意に、もしくは傾向として値が高かった。

〈参考〉保険会社の従業員を対象にした研究プロジェクト

［研究の概要］

同志社大学と保険会社S社による産学連携プロジェクトとして太田が行ったものであり、今回の分析はS社の関西地方にある事業所の営業職六六六人を対象としている。

［実施時期］

二〇一二年八月～一一月。

［研究方法］

一般社団法人日本ほめる達人協会（西村貴好代表理事）によるほめ方の研修を受けた管理職が部下を積極的にほめた八部署の従業員（実験群）と、それ以外の三〇部署に属する従業員（統制群）について、取り組み前と取り組み開始後三カ月たった時点での営業成績（契約件数）を用いた。営業成績の変化と集団間の交互作用を調べるため、くり返し（要因）を含む二要因の分散分布を行った。

［結果の概要］

営業成績の変化について、統計的に有意な効果が確認された。

引用文献

A・アドラー（高橋堆治訳）『子どもの劣等感』誠信書房、一九六二年。

E・アロンソン（松山安雄訳）『ジグソー学級』原書房、一九八六年。

大江健三郎『あいまいな日本の私』岩波書店、一九九五年。

太田肇『承認とモチベーション』同文舘出版、二〇一一年。

河地和子『自信力はどう育つか』朝日新聞社、二〇〇三年。

下山啓、NHKひるのプレゼント班『兄弟姉妹人間学』徳間書店、一九八六年。

高岸実『夢マップを使えば子どもは必ずやる気になる』扶桑社、二〇一一年。

辰野千壽『科学的根拠で示す 学習意欲を高める12の方法』図書文化、二〇〇九年。

D・ディンクマイヤー、R・ドレイカース（柳平彬訳）『子どものやる気』創元社、一九八五年。

E・L・デシ（安藤延男・石田梅男訳）『内発的動機づけ』誠信書房、一九八〇年。

C・S・ドゥエック（今西康子訳）『「やればできる！」の研究』草思社、二〇〇八年。

中山勘次郎「子どもの性格と動機づけ」（新井邦二郎編『教室の動機づけの理論と実践』金子書房、一九九五年）。

原田正文『完璧志向が子どもをつぶす』筑摩書房、二〇〇八年。

L・フェスティンガー（末永俊郎訳）『認知的不協和の理論』誠信書房、一九六五年。

古荘純一『日本の子どもの自尊感情はなぜ低いのか』光文社、二〇〇九年。

坂野雄二、前田基成編著『セルフ・エフィカシーの臨床心理学』北大路書房、二〇〇二年。

宮城音弥『天才』岩波書店、一九六七年。

依田明『ひとりっ子・すえっ子』大日本図書、一九六七年。

E・E・ロウラー三世（安藤瑞夫訳）『給与と組織効率』ダイヤモンド社、一九七二年。

Bandura, A.（1997）*Self-efficacy*. Freeman.

Markus, H. R. and S. Kitayama,（1991）“Culture and the Self: Implications for Cognition, Emotion, and Motivation,” *Psychological Review*, 98–2, pp. 224–253.

Schunk, D. H.（1983）. “Ability versus effort attributional feedback: Differential effects on self-efficacy and achievement,” *Journal of Educational Psychology*, 75, pp. 848–856.

Whyte, R. W.（1959）“Motivation reconsidered: The concept of competence,” *Psychological Review*, 66–5, pp. 297–333.

ちくま新書
1041

子《こ》どもが伸《の》びる　ほめる子育《こそだ》て
——データと実例《じつれい》が教《おし》えるツボ

二〇一三年一一月一〇日　第一刷発行

著者　太田肇（おおた・はじめ）
発行者　熊沢敏之
発行所　株式会社　筑摩書房
東京都台東区蔵前二-五-三　郵便番号一一一-八七五五
振替〇〇一六〇-八-四一二三
装幀者　間村俊一
印刷・製本　三松堂印刷　株式会社

乱丁・落丁本の場合は、左記宛にご送付下さい。
送料小社負担でお取り替えいたします。
ご注文・お問い合わせも左記へお願いいたします。
〒三三一-八五〇七　さいたま市北区櫛引町二-六〇四
筑摩書房サービスセンター　電話〇四八-六五一-〇〇五三

ISBN978-4-480-06747-0 C0237

ちくま新書

910
現代文明論講義
――ニヒリズムをめぐる京大生との対話
佐伯啓思
殺人は悪か？　民主主義はなぜ機能しないのか？――ニヒリズムという病が生み出す現代社会に特有の難問について学生と討議する。思想と哲学がわかる入門講義。

946
日本思想史新論
――プラグマティズムからナショナリズムへ
中野剛志
日本には秘められた実学の系譜があった。『TPP亡国論』で話題の著者が、伊藤仁斎、荻生徂徠、会沢正志斎、福沢諭吉の思想に、日本の危機を克服する戦略を探る。

990
入門　朱子学と陽明学
小倉紀蔵
儒教を哲学化した朱子学と、それを継承しつつ克服しようとした陽明学。東アジアの思想空間を今も規定するその世界観の真実に迫る、全く新しいタイプの入門概説書。

457
昭和史の決定的瞬間
坂野潤治
日中戦争は軍国主義の後ではなく、改革の途中で始まった。生活改善の要求は、なぜ反戦の意思と結びつかなかったのか。日本の運命を変えた二年間の真相を追う。

544
八月十五日の神話
――終戦記念日のメディア学
佐藤卓己
一九四五年八月十五日、それは本当に「終戦」だったのか。「玉音写真」、新聞の終戦報道、お盆のラジオ放送、歴史教科書の終戦記述から、「戦後」を問い直す問題作。

591
神国日本
佐藤弘夫
「神国思想」は、本当に「日本の優越」を説いたのだろうか？　天皇や仏教とのかかわりなどを通して、古代から近代に至る神国言説を読み解く。一千年の精神史。

601
法隆寺の謎を解く
武澤秀一
世界最古の木造建築物として有名な法隆寺は、創建・再建の動機を始め多くの謎に包まれている。その構造から古代史を読みとく、空間の出来事による「日本」発見。

ちくま新書

618 百姓から見た戦国大名 黒田基樹

生存のために武器を持つ百姓。領内の安定に配慮する大名。乱世に生きた武将と庶民のパワーバランスとは――。戦国時代の権力構造と社会システムをとらえなおす。

650 未完の明治維新 坂野潤治

明治維新は〈富国・強兵・立憲主義・議会論〉の四つの目標が交錯した「武士の革命」だった。それは、どう実現されたのだろうか。史料で読みとく明治維新の新たな実像。

698 仕事と日本人 武田晴人

なぜ残業するのか？ 勤勉は人間の美徳なのか？ 江戸時代から現代までの仕事のあり方を辿り、「近代的な」労働観を超える道を探る。「仕事」の日本史２００年。

702 ヤクザと日本 ――近代の無頼 宮崎学

下層社会の人々が生きんがために集まり生じた近代ヤクザ。格差と貧困が社会に亀裂を走らせているいま、ヤクザの歴史が教えるものとは？

713 縄文の思考 小林達雄

土器や土偶のデザイン、環状列石などの記念物は、縄文人の豊かな精神世界を語って余りある。著者自身の半世紀近い実証研究にもとづく、縄文考古学の到達点。

734 寺社勢力の中世 ――無縁・有縁・移民 伊藤正敏

最先端の技術、軍事力、経済力を持ちながら、同時に、国家の論理、有縁の絆を断ち切る中世の「無縁」所。第一次史料を駆使し、中世日本を生々しく再現する。

767 越境の古代史 ――倭と日本をめぐるアジアンネットワーク 田中史生

諸豪族による多元外交、生産物の国際的分業、流入する新技術……。内と外が交錯しあうアジアのネットワークを、倭国の時代から律令国家成立以後まで再現する。

ちくま新書

841 「理科」で歴史を読みなおす　伊達宗行
歴史を動かしてきたのは、政治や経済だけではない。縄文天文学、奈良の大仏の驚くべき技術水準、万葉集の数学的センス……。「理科力」でみえてくる新しい歴史。

843 無縁所の中世　伊藤正敏
境内都市＝無縁所。無縁所を生み出した社会の姿、また、世を仕損なった人たちが、移民となって流れ込む寺社＝有縁に対抗するその思想、実力を確かな史料で描く。

846 日本のナショナリズム　松本健一
戦前日本のナショナリズムはどこで道を誤ったのか。なぜ東アジアは今も一つになれないのか。近代の精神史の中に、国家間の軋轢を乗り越える思想の可能性を探る。

859 倭人伝を読みなおす　森浩一
開けた都市、文字の使用、大陸の情勢に機敏に反応する外交。——古代史の一級資料「倭人伝」を正確に読みとき、当時の活気あふれる倭の姿を浮き彫りにする。

948 日本近代史　坂野潤治
この国が革命に成功し、わずか数十年でめざましい近代化を実現しながら、やがて崩壊へと突き進まざるをえなかったのはなぜか。激動の八〇年を通観し、捉えなおす。

957 宮中からみる日本近代史　茶谷誠一
戦前の「宮中」は国家の運営について大きな力を持っていた。各国家機関の思惑から織りなされる政策決定を見直し、大日本帝国のシステムと軌跡を明快に示す。

983 昭和戦前期の政党政治——二大政党制はなぜ挫折したのか　筒井清忠
政友会・民政党の二大政党制はなぜ自壊したのか。軍部台頭の真の原因を探りつつ、大衆政治・劇場型政治が誕生した戦前期に、現代二大政党制の混迷の原型を探る。

ちくま新書

862
ウェブで学ぶ
——オープンエデュケーションと知の革命
梅田望夫
飯吉透
ウェブ進化の最良の部分を生かしたオープンエデュケーション。アメリカ発で全世界に拡がる、そのムーブメントの核心をとらえ、教育の新たな可能性を提示する。

872
就活生のための作文・プレゼン術
小笠原喜康
就活で勝つ文章とは？ 作文・自己PR・エントリーシートを書く極意から、会社・業界研究法まで、必勝のテクニックを完全公開。就活生必携の入門書決定版。

949
大学の思い出は就活です（苦笑）
——大学生活50のお約束
石渡嶺司
大学生活の悩み解決。楽しく過ごして就活はもちろん社会に出てからも力を発揮する勉強、遊び、バイト経験とは。すごい人をめざす必要なんて、全然ありませんよ。

1001
日本文化の論点
宇野常寛
私たちは今、何に魅せられ、何を想像／創造しているのか。私たちの文化と社会はこれからどこへ向かうのか。人間と社会との新しい関係を説く、渾身の現代文化論！

1020
生活保護
——知られざる恐怖の現場
今野晴貴
高まる生活保護バッシング。その現場では、いったい何が起きているのか。自殺、餓死、孤立死……。追いつめられ、命までも奪われる「恐怖の現場」の真相に迫る。

1029
ルポ 虐待
——大阪二児置き去り死事件
杉山春
なぜ二人の幼児は餓死しなければならなかったのか？ 現代の奈落に落ちた母子の人生を追い、女性の貧困を問うルポルタージュ。信田さよ子氏、國分功一郎氏推薦。

926
公務員革命
——彼らの〈やる気〉が地域社会を変える
太田肇
地域社会が元気かどうかは、公務員の〝やる気〟にかかっている！ 彼らをバッシングするのではなく、積極性を引き出し、官民一丸ですすめる地域再生を考える。